Hi! Story

衛青

嗨！有趣的故事

胡輝

Hi! Story

【出版說明】

在文字出現以前，知識的傳遞方式主要就是語言，靠口耳相傳的方式記錄歷史與情感表達。人類的生活經歷、生命情感也依靠著「說故事」來「記錄」。是即人們口中常說的「傳說時代」。然而文字的出現讓「故事」不僅能夠分享，還能記錄，還能更好、更廣泛地保留、積累和傳承。

《史記》「紀傳體」這個體裁的出現，讓「信史」有了依託，讓「故事」有了新的準則：文詞精鍊，詞彙豐富，語言精切淺白；豐富的思想內容，不虛美、不隱惡。選擇人物一生中最有典型意義的事件，來突出人物的性格特徵，以對事件的細節描寫烘托人物的情感表現，用符合人物身份的語言，表現人物的神情態度、愛好取捨。生動、雋永而又情味盎然。

「故事」中的人物和事件，從來就是人類的「熱門話題」。她是茶餘飯後的趣味談資，是小說家的鮮活素材，是政治學、人類學、社會學等取之無盡、用之不竭的研究依據和事實佐證。

中國歷史上下五千年，人物眾多，事件繁複，神話傳說與歷史事實並存，正史與野史交錯互映，頭緒繁多，內容龐雜，可謂浩如煙海、精彩紛呈，展現了中華文化的源遠流長與博大精深。讓「故事」的題材取之不盡，用之不竭。而其深厚的文化底蘊如何呈現，怎樣傳承，使之重光，無疑成為《嗨！有趣的故事》出版的緣起與意趣。

《嗨！有趣的故事》秉持典籍史料所承載的歷史精神，力圖反映歷史的精彩與真實。深入淺出的文字使「故事」更為生動，更為循循善誘、發人深思。

《嗨！有趣的故事》以蘊含了或高亢激昂或哀婉悲痛的歷史現場，以對古往今來無數先賢英烈的思想、事蹟和他們事業成就的鮮活呈現，於協助讀者不斷豐富歷史視域和深度思考的同時，不斷獲得人生啟迪和現實思考，並從中汲取力量，豐富精神世界，在實現自我人生價值和彰顯時代精神的大道上，毅勇精進，不斷提升。

#【導讀】

衛青，字仲卿。出身卑微，幼年被送至生父家屢受歧視。便獨自離開回到母親身邊一起生活，隨生母姓衛。後為平陽公主騎奴。漢武帝建元二年（前一三九年）姊姊衛子夫獲寵，後衛青奉召入宮為侍中。

在元光六年（前一二九年），二十多歲的衛青被武帝封為車騎將軍，首次率軍出戰，便奔襲龍城，這是武帝即位以來，第一次對匈奴主動出擊取得的勝利，此戰也成為漢朝對匈奴的轉折之戰。此後十餘年間，衛青戎車七征，七戰七勝，為漢朝贏得了「匈奴遠遁，漢南無王庭」的有利局面。

因戰功顯赫，衛青的仕途一帆風順，從建章監一路被賜封為關內侯、長平侯，直至升為大將軍，對外掌天下兵權，對內參政決議、秉掌樞機，躍為群臣之冠。

司馬遷對衛青的評價十分微妙。在〈衛將軍驃騎列傳〉中強調衛青的外戚身份，對其戰功的敘述遠不如飛將軍李廣；但卻在〈淮南衡山列傳〉中間接藉淮南王謀士伍被之口讚揚衛青謙遜知禮、才能出眾、愛護將士，是古來少有的良將。

《史記》、《漢書》、《資治通鑑》等書都未記載衛青與其姊姊衛子夫生年。據推算，衛青病故時應未滿五十歲。衛青少年時自強不息，屢立軍功、謙和仁讓，身居高位時也始終愛兵如子，不以暴力立威，更不在朝中結黨。在在都顯示了衛青的胸襟、氣度和政治智慧。這也是他耀眼的軍功之外，留給後人的充滿魅力的形象。

目錄

出版說明 002
導讀 004
鉗徒看相 008
歸家 018
衛家有女 024
禍福相依 032
曙光 039
初戰龍城 047
萬金贖死 057

飛將李廣 069
朔方設郡 078
姻緣 088
剽姚出征 099
門庭漸冷 109
決戰漠北 118
亢龍有悔 126
落幕 133
衛青生平簡表 142

鉗徒看相

漢景帝後元二年（前一四二年）三月的一個清晨，依然凜冽的寒風帶著一陣連綿不絕的低嘯從長空吹過，門扉和屋頂的瓦片被吹得砰然作響。昨日抵達甘泉宮的少年公孫敖，被風聲驚醒時，竟無端地一陣心驚肉跳。他坐起看看天色，此時正是方亮未亮。

平生第一次，公孫敖感覺房間空曠得令人孤寂難耐。這是他從未有過的感覺。對他這樣的少年來說，自然無法想得更多、更遠。只不過，作為太子劉徹的侍從，他平時見慣的也都是輔佐天子的能臣幹將，其中也不乏血淋淋的權力爭鬥。他耳中所聞、眼中所見，自然比同齡人要多上許多，其思想成熟度也不是靠年齡可以衡量的。這一次，他極為罕見地獨自在甘泉宮過夜，是因為太子明日將至，命他先行入宮做些準備。

公孫敖起身推開窗子，一股寒風撲面，他不禁打了個哆嗦，只見灰色的薄霧正四處瀰漫，一幢連一幢的宮室也似乎被風吹得微微戰慄。一個多月前，長安地面一日三動，地震雖輕，卻令人極為恐懼。在百官萬民眼裡，地震乃不祥之兆。

不祥的地震果然帶來了震動朝野的消息。三日之前，景帝得到快馬急報——匈奴侵入雁門（今山西代縣），雁門太守馮敬出關迎敵，竟戰死沙場。景帝接報後立即下旨，發車騎、材官將軍屯雁門。為盡快增強雁門的軍事力量，又赦免忻州、咸陽等地的罪囚緊急入伍。咸陽地區的犯人將先到甘泉宮登名入冊。有意提升太子威信的景帝穩住心神之後，命太子劉徹前往甘泉宮辦理此事。公孫敖奉太子令一騎先行，提前一日到甘泉宮準備迎候。

想到太子將來，公孫敖再無睡意，披衣走出居室。外面果然寒氣逼人，彷彿雁門外的匈奴人正手持利刃惡狠狠地迎面劈來。匈奴人是什麼樣子呢？公孫敖並不陌生。在景帝上朝的未央宮正殿宣室，甚至在太子劉徹的府上，都出現過匈奴使者的身影。公孫敖絕對不會忘記，那些匈奴使者的語言、倨傲的神態，絲毫不掩飾對大漢的輕蔑。但景帝容忍了下來，太后容忍了下來，文武百官容忍了下來，他一個小小的太子侍從，又有什麼能說的呢？

他心中暗想，再過幾年，等自己長大了，一定要縱馬揚戈，和匈奴較量一番不可。

但他又隱隱覺得，自己還做不了那個發號施令、縱橫大漠的全軍首領。

那個人會是誰呢？

而在當下，似乎沒人認為可以和匈奴一戰。儘管那個曾在文帝時就不懼匈奴的上郡太守李廣仍在，卻也沒有辦法清除全部的邊患。天下人人皆知，又都不敢談論的事情，就有漢高祖劉邦遭遇的白登之圍。

那還是高祖七年（前二〇〇年）的冬天，韓王信勾結匈奴，企圖攻打太原。高祖率三十二萬大軍親自出征，想一舉消滅匈奴勢力，不料反被匈奴圍困平城白登山達七日七夜。若不是陳平獻計，以重金賄賂冒頓單于的閼氏，大漢的江山恐怕將易手他人。自那以後，劉邦及其子孫們知道武力解決不了匈奴，於是，和親政策便成為朝廷安撫匈奴、維護邊境安寧的主要手段。

從高祖至今，已歷數代，漢朝以和親納幣的手段倒也勉強維持了整體上的平靜。然而邊患從未真正解決，匈奴依舊對中原虎視眈眈。如果真有一個人，能率領大漢的千軍萬馬，馳騁疆場，徹底讓匈奴屈膝稱臣，他公孫敖一定會唯他馬首是瞻，俯身聽命。

沒錯，或遲或早，一定會有這麼一個人出現。堂堂大漢王朝，豈能受辱於人？

公孫敖思緒如潮，快步朝廂房走去。

陰鬱的薄霧召喚不來太陽。公孫敖走過的每處地方，都能看見彼此距離二十步遠的站崗軍士。那些軍士一個個面容端凝，在寒風中扠腰持戈，紋絲不動。公孫敖暗想，他們是不會前往雁門的，雖然他們也披盔著甲，職責卻是在這裡充當守衛。那些將前往雁門的人呢？除了各地徵調未至的士卒之外，便是在這裡登名入冊的罪囚了。

公孫敖很想看看罪囚的樣子，昨夜前來報告的衛士已經告訴他，罪囚們將在廂房登記。

公孫敖從深宮一路外出，剛剛走到靠近西宮門的空曠地時，一陣打破寂靜的鐵鏈聲使他停下了腳步。

只見一個披甲的軍士正揮動皮鞭，一邊抽打，一邊厲聲對一群套枷戴鏈的囚犯吆喝。

公孫敖看向這些罪囚。他們一個個頭髮盡剃，模樣看上去極為古怪。在景帝一朝，輕徭薄賦與輕刑慎罰互為交織。律法中「下死則得髡鉗」之句，意思是死刑次一等之犯人，死刑雖免，髡鉗之刑卻是難逃。眼前這些犯人的頭髮被剃了個精光，脖子被鐵圈箍住，便是遭受「髡鉗」之刑了。

所以，這些犯人的準確稱謂應是「鉗徒」。

公孫敖雖知他們是犯罪之人，但眼見他們如此悽慘，心中還是不由湧起一絲憐憫。那衛士看見公孫敖站在一旁，趕緊收住皮鞭，上前諂笑請安，將這個少年直接稱為「公孫大人」。

公孫敖在宮外自然見過不少溜鬚拍馬之徒，此刻見那衛士也如此順勢拍馬，懶得多說別的，徑直問道：「他們便是要派往雁門的？帶他們過去就是了，犯不著抽鞭子。」

他又抬頭看看廂房，說道：「他們就是到那裡登名入冊？我隨你去看看。」

他剛說到這裡，忽然聽到宮門之外傳來一陣爭吵之聲。公孫敖很是奇怪，心想什麼人如此大膽，竟敢在甘泉宮門前吵鬧？他看看衛士。那衛士也神情詫異地看著他。

公孫敖皺皺眉，讓衛士帶鉗徒們去廂房，自己則前往宮門處查看。

果然有人在宮門前與守衛爭吵。令公孫敖詫異的是，和守衛發生爭吵的竟然是兩個十來歲的少年。一個少年被守衛踹倒在地，另一個體型壯實的少年正蹲身扶他。公孫敖看了後者一眼，有些詫異。這個少年雖然蹲著，卻隱隱透著傲然的風骨。

兩個少年都身穿單薄且破舊的衣服。

公孫敖阻住守衛罵聲，好奇地問那兩個少年：「你們到這裡幹什麼？」

那體型頗壯的少年見公孫敖和自己年齡相仿，卻錦衣輕裘，顯得富貴之極，不禁自慚形穢，見他問得客氣，還是上前說道：「回大人話，小人鄭青，陪我鄰居過來。」說著一指那個剛剛被扶起的少年，繼續說道：「他聽聞父親從牢中釋出，在此登名入冊，明日將往雁門入伍。他與父親多年不見，想來見見父親。不知能否讓我們進去？懇請大人成全。」

公孫敖聽這自稱鄭青的少年談吐，倒像是讀過一些書，不由心生好感。昨日到甘泉宮以來，人人都稱自己為「大人」，總覺好笑，於是說道：「我不是什麼大人，我叫公孫敖。你們是哪裡的？」

鄭青仰頭看他，說道：「我們是平陽人。家父鄭季，供職於平陽侯家。」

公孫敖有些奇怪，脫口說道：「你父親在侯府為吏，怎麼你是如此模樣？」他隨太子見慣官差，便是小吏之子，也從未有誰如眼前人這般貧衣寒褲。

鄭青臉上閃過一絲無奈之色，音調卻是沒變：「蒙大人垂問，此乃小人家事。」

公孫敖見鄭青始終不卑不亢，有種與年齡頗不相稱的穩重，不覺心生親近之意，想起剛才見到的那群囚犯模樣，一時不忍，對守衛說道：「他父親明日便要去雁門入伍，怕是回不來了，就讓他們進去見一下吧。」

守衛面有難色，心想甘泉宮豈可隨意任人出入？萬一出事，誰能擔起干係？

公孫敖像是看出守衛心意，便說道：「我自陪他們進去，再與他們出來，很快的，礙不了事。」

公孫敖帶著鄭青他們進得宮來。方纔那哭泣的少年被宮內的開闊與堂皇震驚得張大了嘴巴，而鄭青對眼前出現的重重宮室似乎毫不在意。

公孫敖留意鄭青，暗暗稱奇。

此刻那些鉗徒已被衛士趕至登名入冊的廂房。

三人走到門前。公孫敖命守衛打開房門，和鄭青一起前來的那個少年已迫不及待，房門一開，立刻衝了進去。鄭青到門前停下步來，沒有隨他入內。

公孫敖見鄭青壓根就沒想進門，頗感詫異，問道：「你不進去？」

鄭青朝門內投去一眼，見裡面的鉗徒站立數排，和自己同來的那個少年已找到父親，正與父親拉手哭泣。他漠然說道：「我不喜歡看父子相逢的場面。」

公孫敖聞言，忽然笑了，說道：「我明白了，你父親並未善待你，不然，他供職於侯府，怎麼連像樣的衣著都不給你添置？」

公孫敖的問話雖觸動了鄭青的內心，他卻只淡淡作答：「家父對家人甚好。」公孫敖總覺得哪裡不對，一時又說不上來，只覺這個鄭青有股說不出的吸引力，禁不住想和他多說幾句話。鄭青卻像是滿腹心事，對公孫敖的話總像沒聽在耳中。

廂房房門一直未關，不少鉗徒好奇門外這兩個衣著迥然不同的少年，都在打量著他們。

鄭青將視線轉向房內時，總覺得其中一個鉗徒目不轉睛地看著自己，微感好奇，便忍不住多看了對方一眼。

那人與其他犯人沒什麼兩樣，年紀看上去已然不小了，他見鄭青也看著自己，目光中現出驚詫之色，然後像下定了決心一樣，移步朝鄭青和公孫敖走來。

這一次，不僅鄭青，連公孫敖也奇怪起來。

那鉗徒慢步走到門邊，也不看公孫敖，對鄭青忽然一笑，說道：「這位小哥，我看你眼下落魄，卻是器宇不凡，相貌更是獨特，應該大有前程。」

他此言一出，鄭青和公孫敖都不由一愣。

鄭青回看對方，說道：「這位大叔，你說的不是我吧？」

那鉗徒側頭看了公孫敖一眼，嘿嘿笑道：「這位公子日後起落無常，不說也罷。」

他仍回頭細看鄭青，說道：「看小哥乃貴人之相，日後必晉爵封侯，貴不可言。」

素來沉穩的鄭青聞言，不禁笑道：「我身為人奴，能不受人打罵，便是萬幸了，哪裡談得上將來封侯？」

那鉗徒仍是嘿嘿說道：「這世上任何落魄之人，都不敢妄想自己以後將會如何。然我看人，還從未出過差錯。」

接著這個鉗徒又如世外高人一樣地總結道：「我終生將為人所役，你卻不會畢生為奴，數載內必有變化。」說罷微微點頭，轉身重入廂房。

鄭青和公孫敖看著那鉗徒的背影，都吃驚不已。公孫敖畢竟是宮內之人，見聞比鄭青多得多。包括高祖劉邦和呂后在內，那些擊秦敗楚、打下漢室江山的文臣武將，有很多在年輕時被方士看過相，應驗的也有不少。

這時，進房與父告別的那個鄰居少年終於擦淚出來，鄭青便對公孫敖再次躬身致謝。公孫敖將他們帶回到宮門前，另外那個少年見公孫敖衣著華貴，氣度非凡，連說個謝字的勇氣也沒有。

二人轉身離開。公孫敖久久看著鄭青背影，嘴裡自言自語地說道：「封侯？只怕連我都封不上。不過，看他樣子，以後倒會是一條好漢。」

歸家

鄭青給了公孫敖不一樣的感覺，是因為鄭青有著不同尋常的身世。

在鄭青的記憶裡，自己幼時生活在一幢氣派威嚴的府邸中。從內到外，庭院空闊，一間一間的房屋連綿不絕。他從來沒數過這座府邸究竟有多少間房子，他只知道，有些房子是他可以去的，有些是他不可以去的。

在府裡，所有人各司其職，井然有序。他很小就已經知道，這座府邸不是他們家的房子，儘管他和母親、姊姊都住在這裡，但母親也好，姊姊也好，都不過是府邸裡的奴僕。所以，他也是府裡的奴僕。

這座府邸的主人是隨高祖劉邦起兵，戰功赫赫的開國功臣曹參的曾孫，平陽侯曹壽。曹壽的妻子是景帝第二任皇后孝景皇后的長女陽信公主。嫁平陽侯後，改稱為平陽公主。不論在府中何地，鄭青每次看見曹壽和平陽公主，也和所有的下人一樣，垂手彎腰、恭恭敬敬。他們總像沒聽到似的對他視而不見，只有心情很好的時候才會看他一眼，從鼻孔裡「嗯」出一聲。鄭青那時不會覺得自己受到了侮辱，他們對其他的奴僕都這樣一視同仁。鄭青很模糊的感覺是，他這輩子不可能成為像曹壽這樣的達官貴人，他覺得無論怎樣，自己也做不到在他人面前抬眼向天。

和同齡孩子不一樣的是，鄭青從小骨骼粗壯，吃得多，長得快，四五歲的年紀，已有七八歲孩子那樣高，力氣也大過同齡人，與他年齡相仿的男孩沒一個能打得過他。然而有一天，他出門給侯府運一車木柴，快到大門時，一個與他曾有過節的男孩忽然從牆角朝他扔來一塊石頭。鄭青躲避不及，被打中肩膀。他很生氣，跳下車來，準備回擊對方一頓拳頭。不料，那個男孩兒輕蔑地說道：「有本事把你爹爹叫來！」

拳頭很硬的鄭青被這句話打倒了。他早就發現，在他認識的玩伴中，只有他是沒有父親的。

他一邊握緊了拳頭，一邊又覺得混亂和迷惘。回府後，鄭青到廚房掄起斧頭劈了整整一天木柴，宣洩著內心說不出的痛苦。

晚飯後，他沒有回自己的住房，而是徑直前往母親和姊姊衛子夫的房間。

一進房間，鄭青劈頭就問母親：「我沒爹爹嗎？我爹爹在哪裡？」

母親衛媼被鄭青的話問到了傷心處。原來她在侯府做事時，被在侯府供職的鄭季勾引，懷孕生下鄭青。與她私通的鄭季發現自己偷香竊玉的後果嚴重，立刻來了個鞋底抹油，將兒子鄭青扔在侯府不聞不問。

兒子的發問使衛媼停下了手中針線。她站起身來，目光哀傷地看著兒子，久久不能回答。

姊姊衛子夫也被弟弟的問話驚住了。她懂事早，在侯府當歌女，對母親的事情知道得一清二楚。但母親的事，她這個做女兒的也不能去說什麼。

衛媼看著兒子，往事一幕一幕在腦中掠過。曾經和鄭季的花前月下，海誓山盟，如今像是一個笑話。她早已明白，那個看上去一表人才的鄭季不過是為滿足自己的私欲而對她虛情假意。她並不後悔和鄭季的私情，後悔的只是生下了這個兒子。兒子從小跟著自己在府裡受人白眼，衛媼的痛苦從來不敢流露，能夠安慰她的只有和自己同在侯府的女兒衛子夫。

此刻，母親的沉默讓鄭青更加痛苦。在兒子的一再追問下，衛媪終於下了決心，她不能讓兒子沒有父親，更不能讓兒子一輩子做著低賤之事。

她將手中那件給兒子縫了一半的衣服放到桌上，說話的聲音充滿哀傷：「既然你那麼想見你爹爹，我明日就帶你去見他。」

鄭青眼睛發亮，呼吸也變得急促起來。衛子夫在一旁，默默地看看弟弟，又看看母親。

鄭季的住所與侯府相距不遠。原野青綠，溪流淙淙，還有牧童在放牧牛羊。天藍雲白的景致使鄭青心思蕩漾。他一直奇怪，為什麼父親從來不去侯府看他呢？然而當鄭青見到父親的那一刻，他內心的激動就在剎那間煙消雲散了。

眼前的鄭季人雖高大，卻臉色陰沉。他對鄭青母子冷冰冰地掃過幾眼，眼神中是絲毫不加掩飾的厭惡。鄭青還看到，父親眼中另有一絲難以覺察的恐慌。

一股難言的悽愴將鄭青的心抓緊了。他看見了父親，但是父親和母親卻像從來就不認識的陌生人。鄭青的內心被一點一點撕裂。

衛媼告訴鄭季，這就是他的孩子，她把孩子送過來，希望他能看在是自己親生骨肉的份上，待這個孩子好一點。

衛媼走了。鄭青面前出現了另一個女人，她是鄭季的元配夫人，對著鄭季就是劈頭蓋臉地一頓臭罵。剛才對他們母子還冷冰冰的鄭季，在妻子的跋扈面前賠起笑臉，顧左右而言他。

鄭青頭腦發呆，只覺從未體會的孤獨和無助將自己籠罩。然後，他看見父親轉身去拿了一根牧羊鞭子，並冷冷地說：「家裡的老羊倌正好昨日死了，今天開始，你便放羊去吧。」

眼淚又一次湧到眼眶，鄭青倔強地告訴自己，絕不能哭。

他接過鞭子，只問了一句：「羊在哪兒？」

對此刻的鄭青來說，一切變化來得太快。他在侯府，雖然幹著下人的力氣活，遭受一些白眼，但畢竟衛媼會給他疼愛，姊姊也會時常照顧他。

如今他到了父親家，卻再也不知溫暖是何物。

鄭季的老婆隨時都會打罵他，鄭季的三個兒子更不把他看成兄弟，而是將他當奴僕一樣使喚。

轉眼之間，鄭青在父親家裡牧羊已有兩三年，唯一願意和他在一起的是鄰居家的牧童。那牧童的父親因罪入獄，不得已牧羊。

有一天，牧童說自己的父親將在甘泉宮登名入冊，去雁門入伍，便拉著鄭青一起去甘泉宮。在宮內被鉗徒看相之事並未在鄭青心裡引起什麼波動。在他看來，自己這輩子無論怎樣，都和封侯扯不上關係。

那天回去後，鄭季的妻子見鄭青竟然整整一天沒管理羊群，不由勃然大怒，拿出長長的家法棍棒要狠揍鄭青。此時年紀雖小，身材卻已長大的鄭青再也不願忍受，一把將棍棒奪過。鄭季的三個兒子紛紛上來幫助母親，想給鄭青一頓猛揍。

挨了幾拳的鄭青終於擺脫鄭家三兄弟的拳腳，開門衝了出去。天地茫茫，他只覺得無自己的容身之地。痛哭一陣之後，他想起了自己的生母衛媼，母親不會不要自己的。

鄭青決心一下，拚命往侯府跑去。他離開侯府已經幾年了，具體的方位還大致記得。

衛媼沒想到離開自己數年的鄭青還會回來，她看著已長得高高大大的兒子，不由得驚喜交集。鄭青忍住了眼淚，對衛媼說：「母親，我回來了，我不想再回去，也不想姓鄭，從今天起，我就叫衛青了。」

衛媼看著兒子，不禁淚眼婆娑。幾年的思念，幾年的牽掛，在這一刻得到了全部的釋放。她看著兒子，說道：「你是我的兒子，你就叫衛青。」

衛家有女

這一年，已到了漢武帝建元二年（前一三九年）。

上巳節到來。上巳節就是三月上旬的巳日，這一天人們多在水邊飲宴、郊外踏青。漢武帝帶同公孫敖等騎郎，親自到灞上（今陝西西安東）祓禊。所謂祓禊，就是去野外水邊沐浴，以求祛病免災。

那天武帝返回時遊興未盡，想起很久沒見過大姊平陽公主了，便下令起駕到平陽侯府去見見姊姊。

平陽公主聽說當皇帝的弟弟將親臨府上，十分興奮。自弟弟登基之後，她見弟弟的次數已愈來愈少。但宮內的點點滴滴都有人來平陽侯府稟報。她的關注核心是陳皇后一直未能生下龍子。

皇帝是需要籠絡的，哪怕他是自己的同母弟弟。平陽公主的姑姑館陶長公主當年常給景帝進獻美女，地位日益尊崇，自己也不妨效法一二。於是，當漢武帝進入平陽侯府後，平陽公主即刻擺開筵席，同時喚來在府中的一群年輕貌美的少女前來面聖。

意外的是，當這些少女在武帝面前一個個出現之後，平陽公主的心情漸漸忐忑起來。她見弟弟對這些少女沒一個表示出興趣，到後來乾脆轉過頭去，只顧飲酒。

平陽公主揮手讓這些少女退下，接著她命府中的歌女來給皇帝獻歌跳舞。這一次，漢武帝的眼光被一個長髮如瀑的歌女吸引住了。

那歌女正是衛青的姊姊衛子夫。

衛子夫嬌喉宛轉，長髮迷人。武帝不知不覺，被衛子夫迷住了。

武帝眼睛在看衛子夫歌舞，嘴裡在問：「這歌女是何人？」

平陽公主輕輕一笑，說道：「她是平陽人氏，名叫衛子夫。」

武帝從未見過宮中哪位嬪妃的頭髮如衛子夫那樣飄飄如瀑、光可鑑人，不禁脫口讚了一句：「髮長不蒙塵，好一個平陽衛子夫！」

眼見武帝興致漸濃，平陽公主不失時機地說道：「若是陛下看中此歌女，那就將她送與陛下如何？」

年方十八歲的武帝的臉上露出了微笑，緩緩點頭。

此刻，身為天子騎郎的公孫敖等人在外室飲酒，奉命前來作陪的是公主的侍從。公孫敖看見當先進來的騎奴身軀挺拔、眉目剛毅，舉手投足的氣度與跟在他身後的騎奴頗為不同，不禁仔細看了過去。

那人正是衛青。

公孫敖的容顏變化不大。衛青一見公孫敖，也不由一愣，隨即想起數年前在甘泉宮與他相遇之事，不禁露出喜悅之色。公孫敖也自然認出此人便是當年的鄭青。兩人都是少年，再度見面的緣份使雙方都異常高興。在公孫敖的詢問之下，衛青告知，母親已在一年前病故，他在平陽侯府給公主充當騎奴已經三年有餘了。兩人說得投機。當武帝終於起駕回宮時，公孫敖和衛青都看見衛子夫竟然跟著武帝出來，同登帝輦。衛青不禁脫口輕呼：「我姊姊怎麼和陛下在一起？」

公孫敖豎起食指在嘴邊「噓」了一聲，低聲道：「陛下召你姊姊進宮，你也很快有進宮的機會了。」公孫敖臉上一笑，繼續低聲說道：「我也會在陛下面前舉薦你的。」

那一刻，衛青只覺發生的一切恍如夢境。

衛青記得三年前，母親猶豫再三之後，終於硬起頭皮，帶著他去見了侯府的女主人平陽公主。

公主對衛媼素來不喜，見她帶人來見自己，對衛青只冷冰冰地掃視一眼。

受過苦難的人總是比尋常人要敏感。公主雖只掃他一眼，衛青一下子便捕捉住公主眼裡閃過的一絲驚異。衛青能夠感覺到，自己雖然年少，卻以異常強健的體魄喚起了公主的驚訝眼神。果然，公主在掃過一眼之後，淡淡地對衛媼說：「你在侯府也很多年了，你兒子小時候也算是侯府中人，就讓他做我的騎奴吧。」

所謂騎奴，就是有資格在公主身邊騎馬護衛的奴僕。在侯府之中，這是最高級別的下人了。衛青母子不由得都感到喜悅，跪下謝恩。

從那一天開始，衛青有了自己的馬匹、長戈、佩劍與鎧甲。他當然知道，自己能成為騎奴，僅僅是因為體魄強健。幸好他已然識字，也讀過書。然而這些對他還遠遠不夠，要想在一眾騎奴中出類拔萃，非得文武兼修不可。

於是，在成為騎奴之後，衛青刻苦習武、發憤修文。不到一年，衛青的武藝在侯府騎奴中已獨佔鰲頭。他對書籍也有天生的領悟，尤其侯府中所藏的《孫子兵法》等兵書，衛青更是讀得入迷。這是其他騎奴既無法理解，也無法做到之事。

平陽公主偶然發現衛青竟然對兵法也無比熟知，心中大為驚異。她不太明白，這個勇武的少年怎麼會對行軍佈陣的兵書有如此興趣。不過，他既然有興趣，又並未耽誤身為騎奴的本份事，讓他多讀一些也無害處。

她那時不會知道，自己的一生會和這個騎奴結下怎樣的緣份。

在那個上巳節的春日下午，衛青隨眾人站在平陽公主身後，看著姊姊跪辭平陽公主，居然被素來高傲的公主微笑著扶起，還在他姊姊耳邊說了一番話。然後，他又看著姊姊被年少的皇帝帶走，竟然與天子同車而行，衛青驚異得無可名狀。

在天子的帝輦之後，策馬跟隨的公孫敖回頭對他露出一個意味深長的微笑，衛青心中不禁升起一種模糊而又隱祕的盼望。

自母親死後，他便是與同母異父的姊姊在侯府相依為命。另外的兩個姊姊和一個哥哥都不在侯府。在府中，姊姊當歌女，弟弟當騎奴，也算是有些地位的下人了。

平陽公主一直詫異自己身邊的這個少年騎奴。當她看著帝輦和浩浩蕩蕩的隨從隊伍遠去後，回頭見衛青還呆呆地看著武帝消失的方向，不禁難得一見地對衛青笑道：「你姊姊今日隨陛下入宮，你是不是也想入宮啊？」

衛青聽見公主說話才反應過來，拱手答道：「小人只想時時護衛公主安全。」

平陽公主臉上浮起一絲微笑，說道：「這可說不定，你姊姊若是得寵了，你也就跟著一步登天了。」

衛青拱手不答。

衛子夫走了，衛青在侯府中再也沒有親人。不過，數年磨練，衛青早已變得獨立和堅強。他無從想像姊姊入宮後的生活，更不知道年少的皇帝是否會寵愛姊姊。然而衛青明白，他若要改變自己的命運，最終依靠的，只能是自己的強大。

逆境對弱者來說是深淵，而對強者會成為激勵。

衛子夫入宮後沒有半點消息傳到侯府。衛青除了公主在出行時跟隨護衛之外，每日仍習武修文，發憤不輟。

一年後的一天，侯府忽然來了幾個宮中宦官。當先一人手捧捲成一卷的金黃色布帛，進來便喊：「平陽侯曹壽、平陽公主聽旨。」

曹壽和平陽公主雙雙跪在地上接旨。接過旨後，夫妻二人不由互相交換一個眼神。曹壽眼中是一片迷惘，平陽公主的眼中卻是頗為安定，似乎剛才的聖旨沒有出乎她的意料。

送走傳旨宦官之後，平陽公主立刻命人叫來衛青。

看著在自己面前，卻不失氣概的衛青，平陽公主認真地端詳了片刻，慢慢說道：「衛青，你當我騎奴已經四年了，方纔我和平陽侯接到聖旨，令你前往建章宮當差。」

衛青暗暗一驚，不明白自己一個普通騎奴，如何會讓皇帝親自下旨。是因為姊姊衛子夫嗎？還是公孫敖？這些他都不得而知。衛青知道的是，從平陽侯府前往建章宮，是自己命運的一個改變。至少，他不再是某個人的奴僕，而是可以領薪俸的當差之人了。

建章宮在長安城外上林苑中。衛青獨自前往報到。這座龐大的宮殿使他想起數年前見過的甘泉宮。他當日進入甘泉宮時，總覺得那是和自己發生不了半點關係的宮殿，連多看幾眼的念頭都沒有。此刻不同了，建章宮是他當差之地，他嶄新的人生將從這裡開始。

禍福相依

身為小吏，自然難以知道深如海的宮中發生著什麼。僅就上林苑來說，其規模遠遠超過衛青熟悉的平陽侯府。衛青進入建章宮之後，陡然覺得自己渺小如沙粒。

他更不知道，建章宮內新建的期門軍是漢武帝為確立中央軍的優勢地位而建。漢武帝劉徹登基時不過是十六歲的少年，朝中大權還掌握在年事已高的竇太后手中。所以，漢武帝一方面韜光養晦，一方面著手建立自己的侍衛禁兵，培植勢力。期門軍便是武帝親自強化的貼身近衛。

衛青來到軍中，彷彿對此有著與生俱來的熟悉感，對軍營生活與軍事訓練抱有極大的熱情。

令衛青最感欣喜的是，因武帝會時常到建章宮視察軍隊，他和公孫敖見面的次數逐漸增多。兩人年齡相仿，意氣相投，每次見面都相談甚歡。某日趁武帝心情不錯，公孫敖不失時機地引衛青到武帝面前。

當日衛子夫被武帝帶出平陽侯府時，衛青只遠遠看過武帝，此刻才算是第一次見到了大漢王朝的真正主人。

武帝聽公孫敖說面前的衛青是衛子夫弟弟時，微笑起來，說道：「讓朕看看。」衛青跪地，抬起頭看著武帝。武帝看了一眼衛青，見其身體強健、臉上充滿剛毅果決之氣。此刻，他們二人雖一個跪伏於地，一個背手站立，但從彼此一眼的交流中，已感覺對方是自己命運裡不可或缺之人。

「覺得朕的期門軍如何？」

「回稟陛下，期門軍人人驍勇，足可禦敵。」

「僅是禦敵嗎？」

「臣斗膽建言，陛下應在此大量訓練騎兵。」

「何出此言？」

「陛下明鑑，今天下四海清平，唯北方匈奴騎兵強悍，屢犯我大漢邊境，若陛下訓練出十萬鐵騎，便可絕匈奴之患。」

武帝不再發一言，只是默默地盯著眼前這個英氣的青年。衛青沒有迴避皇帝的凝視，身形沒有一絲晃動，彷彿一把鐵鑄的利刃，即將出鞘。

短短幾句對話，如同君臣攜手走到一面歷史的大幕之前，他們一左一右，要將這面帷幕共同揭開。

那天過後，武帝命衛青在建章宮訓練馬匹和騎兵。上林令蘇建本是衛青上司，聽說衛青已得武帝親見，雖沒封賜他官職，也猜測衛青有些來頭，尤其武帝身邊的紅人、騎郎公孫敖時常來建章宮與衛青相見飲酒，蘇建哪裡敢指揮衛青？

只過一段時間，蘇建親眼所見，衛青雖為無職小吏，卻不僅在訓馬上有一套，在行軍佈陣上，更是自己望塵莫及，隨同衛青一起訓馬佈陣的軍士也人人服從衛青的臨時指揮和調度。

武帝仍是時常來建章宮觀看。他沒有再與衛青單獨談話，而是在高台上檢閱受訓的騎兵。當萬馬嘶鳴，人人吶喊，來回奔騰的馬蹄激盪起地上的厚厚沙塵之時，武帝仍是面無表情地觀望一切。看到激烈處，唯一的動作是將自己雙拳緊握，壓到欄杆之上。至於那些排兵佈陣的演習效果，就連站在武帝身邊的公孫敖，也不清楚這位日益強硬的帝王究竟是怎麼一個看法。

武帝並未面容不悅，就已證明他對衛青的訓練成果感到滿意。但滿意是有程度之分的，在武帝內心，衛青的訓練是不是符合武帝的期望，誰也不知。

衛青不由暗自發誓，非得把兵士訓練得讓武帝滿意為止。另外他心中時常湧起去探望姊姊的念頭。不知道進宮一年的姊姊衛子夫究竟在深宮過得怎樣？這個問題無人能回答他，他知道也不可能去問任何人。他仍舊每日在馬上訓練得疲憊不堪，太陽不沉，絕不休息。

在衛青眼裡，這日復一日的軍事訓練是自己命運的起點，他更知道，如果自己稍有鬆懈，就很難再以卑微的身份指揮他人。衛青沒有料到，也就在他日日苦練的時候，一場他從未遭遇過的巨大危險正朝他步步逼近。

這一天，衛青如往常一樣，待月升日落之際才停住訓練，收隊後與蘇建等人同往營帳飲酒消遣。剛剛喝得七八杯酒，帳門被掀開，一手臂流血的士卒神色驚慌地進來報告：「有人在馬廄盜馬！」

衛青和蘇建聞言，立刻停杯。二人心中十分奇怪，建章宮乃上林苑深處，從來沒有外人進入，如何會出現盜馬之賊？

那士卒摀住手臂，繼續稟報說，剛才從馬廄路過，聽到裡面馬群亂嘶，有一個穿夜行衣的蒙面人竟忽然從馬廄中騎馬而出。他剛剛想要阻攔，那盜馬賊竟然揮刀砍傷其手臂，策馬奔去。

蘇建大怒，酒杯摔地，起身便要出去。

衛青阻止了他，要親自去追擊。他即刻出帳，跨上馬，朝那士卒所指的方向追去。衛青沒有帶人，他料想對方只有一人，自己應付絕對綽綽有餘，尤其他胯下之馬，比馬廄之駒快上好幾倍，不怕追不上。

追不過數里，月光下果然看見前面一黑衣蒙面人正縱馬狂奔。衛青一邊狠狠鞭馬，一邊厲聲要對方停住。那黑衣人回頭見衛青馬速極快，和自己愈來愈近，忽然撥轉馬頭，朝兩座宮殿間的過道奔去。衛青也即刻催馬追去。

剛剛進入過道，一條絆馬索陡然橫起。衛青收馬不住，一頭從馬上栽下來。兩邊又出現三個黑衣蒙面人。

衛青猝不及防，被那三個蒙面人摁在地上，轉眼便被雙臂反扭，給捆了個結結實實。前面騎馬的蒙面人也掉過馬頭，重新奔回。

衛青厲聲喝道：「你們是什麼人？想幹什麼？」

騎在馬上的蒙面人冷笑道：「幹什麼？你是不是衛子夫的弟弟衛青？」

衛青聽他開口說出自己姊姊名字，不覺一愣，說道：「我便是衛青，你們是什麼人？在宮內盜馬，不怕砍頭嗎？」

騎馬之人大笑，說道：「砍頭？告訴你小子，我們今夜前來，便是要取你人頭！」

衛青奮力掙扎，說道：「我與你們無冤無仇，為什麼要殺我？」

騎馬蒙面人從腰間慢慢抽出腰刀，說道：「要怪就怪你姊姊。」說著，他將刀舉起，半空一道寒光閃動，向衛青後頸砍去。

衛青被另外三人緊緊扭住，無法動彈。眼看自己人頭便要落地，千鈞一髮之際，陡聽得破空之聲呼嘯而來，騎馬蒙面人刀剛落下一半，只覺自己喉部一熱，一股鮮血激射而出，他哼也沒哼一聲，只抬手碰到射穿自己喉嚨的箭桿，便從馬上一頭栽下。

另外三個蒙面人不由驚慌莫名，只見幾匹快馬已經衝到面前，當先之人正是公孫敖，他收弓拔劍，和自己帶來的幾條壯漢直撲過去，轉眼將那另外三個蒙面人制服。

衛青脫得捆縛，對公孫敖抱拳說道：「若不是公孫大人及時出現，衛青此刻已經沒命了。」

公孫敖哈哈笑道：「還好我來得及時。」

衛青皺眉對著要取自己性命的人說道：「你們究竟為什麼要取我性命？」

公孫敖微微笑道：「不用問了，他們每個人我都認識，都是大長公主的人！」

衛青聽得這幾個要殺自己的人竟然是深宮大長公主指使，不由臉上佈滿驚詫，隨即猜到了大概的前因後果。應是姊姊承寵日深惹得妒忌，便有人拿他這個弟弟下手了。

曙光

入夜，武帝正面對桌上的一卷卷竹簡。數百枝燭光亮如白晝，殿內根根數丈高的圓柱在燭光映射之下，將影子淡淡地投射於地。空闊的宮殿內充滿一股難以言說的莊重和威嚴。

此時的帝國，真正的大事還不需要武帝親自決定，他想決定也決定不了。永遠沒有人知道，當朝竇太后是不是有過效仿當年呂后的念頭。事實是，武帝登基至今，朝政一直把持在竇太后手中。三年以來，武帝無日不想將所有權力握在自己手上。實現雄才大略的前提是擁有足夠的權力。他自幼畏懼竇太后，又聽命當時身為景帝皇后的生母安排，在自己尚為膠東王的幼年之時，與竇太后的外孫女陳阿嬌訂下親事。這也是他終於被立為太子的原因之一。到他登基之後，陳阿嬌自然而然被冊封為皇后。

陳皇后的生母劉嫖，就是隨母改姓的竇太后女兒，公孫敖口中的大長公主。

武帝在燭光下慢慢翻閱著奏章。帝國內部的確清平。他父皇景帝除平定七國之亂時動過干戈之外，始終以休養生息為施政核心。景帝駕崩後，給武帝留下了國庫充盈的盛世江山。此刻，武帝翻閱了半天奏章，沒發現哪件事需要他以雷厲風行的速度進行處理。奏章沒有翻完，一絲疲倦已如細浪般湧將上來。是的，竇太后還在，自己有必要這麼勤政嗎？想起竇太后，武帝內心頓感鬱悶，伸手推開桌上的成堆奏章，有幾卷稀里嘩啦掉了一地。

武帝皺著眉頭，俯身將奏章撿起，抬頭看看敞開的宮門，不覺想起了衛子夫來，他頓時精神煥發，心情也愉快起來。

武帝攏好奏章，正想命貼身宦官傳旨前往衛子夫宮室，就見門外宦官急匆匆進來，稟報騎郎公孫敖帶同建章宮小吏衛青求見。

武帝覺得詫異，不知他們深夜覲見有什麼急事，便命二人進來。

公孫敖和衛青疾步走進宮門。

兩人跪下之後，公孫敖拱手說道：「臣深夜斗膽求見，是因臣今夜殺了人，還請陛下降罪。」

武帝一愣。他對自幼跟隨自己的公孫敖很是喜愛，此刻聽他說居然殺了人，犯下的還是難以饒恕的大罪，不禁皺了皺眉。

武帝見衛青也跟著公孫敖跪在面前，念頭一轉，直接對衛青問話：「是建章宮出事了嗎？」

衛青回道：「陛下明鑑。今夜有人在建章宮盜馬，臣在追擊之時，一時不察，誤中對方圈套。對方不說任何理由，便要取臣性命。幸得公孫大人及時趕來，救下微臣。」

武帝眉頭一皺，眼望公孫敖，說道：「於是你就出手殺了他們？可知他們是什麼人，竟敢在宮中盜馬？」

公孫敖說道：「那幾個盜馬賊，臣都認識，他們是大長公主手下。」

武帝不由吃了一驚，他用手指著公孫敖，問道：「你沒看錯？」

公孫敖繼續說道：「臣入夜巡查時無意在窗外聽到，大長公主以為皇后被陛下冷落，又不敢對深宮之人下手，便想殺了衛青，以此作為報復。臣親見那幾人蒙面出來，往建章宮而去。臣想人命關天，若先來稟報陛下，怕時間耽誤，就趕緊帶同手下跟上。

眼見他們要取衛青人頭，臣迫不得已，動手時失了分寸，懇請陛下降罪。」

武帝聽公孫敖說完，不由雙眉豎起，厲聲喝道：「她們竟敢在朕的宮室做出如此妄為之事，簡直沒把朕放在眼裡。公孫敖，朕赦你無罪。你們平身吧。」

武帝說完，看著公孫敖和衛青謝恩起身之後，又仔細看了看衛青。

衛青雖面對君主，神色自若。

武帝一方面暗讚衛青沉穩，一方面對大長公主和陳皇后的行為感到極為痛恨。自己對衛子夫日加寵愛，沒料到引起陳皇后在背後暗施陰謀。當然，陳皇后敢做出這樣的事，不外乎仗著有母親撐腰。武帝心思翻轉，已經有了計較。何不利用此事來打擊一下竇太后勢力？想到這裡，武帝揮揮袍袖，命公孫敖和衛青退下。

第二天上朝。

當日百官無事可奏，武帝眼望百官，嘴裡對身邊傳旨宦官說道：「傳朕旨意。」

那宦官站立台階，大聲喊道：「聖上有旨！」

文武百官趕緊齊刷刷跪在地上。

宦官展開手中聖旨，高聲念道：「聖上對有功之人加以封授。」

百官聽了，不覺納悶，都想如今四海清平，沒聽說有什麼人立功待封啊。

只聽宦官繼續說道：「現建章宮衛青訓馬練陣，勤奮得法，封衛青為建章監，並加侍中；封衛長君為侍中；封公孫敖為大中大夫。」

百官跪在地上，聽得詫異萬分。他們自然知道，衛子夫目前獨得武帝寵愛，然而騎奴出身的衛青竟然平步青雲，來建章宮短短一年，便從小吏升為建章監並加封侍中，獲得如此顯貴的身份。他們心中驚異，同時也暗中冷笑衛青不過是依靠裙帶關係才鯉魚躍龍門。

唯一讓百官覺得正常的是公孫敖。他們人人知道，公孫敖自幼跟隨天子，如今升為大中大夫，不算什麼意外。眾人覺得奇怪的是，天子為什麼今日的封賜都是衛氏一家？公孫敖雖不是衛家之人，但深宮雖深，難藏隱祕，百官們都知道，公孫敖和那個建章宮的衛青交往頻繁，頗為親密。

衛青選為建章監的消息傳到建章宮，包括蘇建在內的將士無不歡欣鼓舞。這些日子，他們親眼見到衛青行軍演陣的能力，早就盼望在衛青的直接統領下更上層樓。

衛青回到建章宮後，蘇建即刻過來道賀。

衛青對他說道：「我蒙天子錯愛，被選為建章監，從今日開始，我們得將建章營騎訓練得能以一當十，這才不負聖意。」

蘇建臉色莊重，拱手說道：「屬下謹遵號令！」

看著蘇建走出營帳，衛青緩緩坐下。

一夜之間，自己的命運有了如此大的改變，不能不使他感到肩頭擔子沉重。眼下的建章營騎已達數千，這是帝國從未公開過的一支軍事力量。衛青深深明白，武帝對這支騎兵寄予厚望。對衛青來說，這也是他曾為平陽公主騎奴時就隱約渴望過的事情。

這時，又有不少同僚先後進來，紛紛向衛青道賀。衛青對來人均一一謝過。

送走最後一波來客後，衛青的心緒漸漸平復，有太多的事需要一個人沉思。突交好運的人極難冷靜，但最需要的也是冷靜。

軍中的磨練，早使衛青超越了只為公主提供護衛的騎奴思想。軍營談論的，自然是軍事。他對帝國的軍事歷史已是瞭如指掌。在文帝與景帝兩朝，匈奴時有騷擾搶掠，眼下雖說邊境安定，卻是朝廷以大量的財寶以及和親政策換來的。

這不可能是長久之策。

此刻，獨坐營帳的衛青感到血液在洶湧奔流。沒有哪個軍人不渴望在沙場上建功立業。豈止朝廷，連建章宮裡的將士也無人不知，匈奴從未臣服過大漢王朝。對帝國來說，高祖遭遇的白登之圍是一筆遲早要算的賬。

那是帝國最深的恥辱，是漢朝男兒心中抹不去的痛。

思緒萬千中，眼看著天色漸黑，衛青點起桌上的蠟燭，在燭光搖曳中緩慢踱步，思考著建章營騎的種種優勢與缺陷。是的，優勢要如何發揮，缺陷要如何彌補，都在一夜間壓到他的肩上。他比任何人都明白，建章營騎建立的時間尚短，所謂演習，也不過是另一種紙上談兵，真正的戰場瞬息萬變，此刻的營騎將士還不足以和能征善戰的匈奴武力抗衡。

時間倏忽而過。

衛青不敢懈怠地日日練兵。武帝對建章營騎關注得格外深切，最好的軍士與馬匹源源不斷湧向建章宮。到建元四年（前一三七年），即衛青被選為建章監的第二年，武帝面對常侍郎東方朔「上乏國家之用，下奪農桑之業」的諫阻，左手賜東方朔百金之賞，右手仍頒旨命大中大夫吾丘壽王繼續擴修上林苑。在一旁默默觀察的衛青眼裡，擴修上林苑的目的，既是為了滿足帝王嬪妃們嬉游射獵的需要，實際上也是武帝進一步擴大羽林軍所需。

又過了兩年，權傾朝野的竇太后崩逝宮中，二十二歲的武帝將她與文帝合葬灞陵之後，終於將朝中大權緊緊握在了自己手中。

血氣方剛的帝王，將要施展自己的畢生抱負。

於是，一個既屬於武帝，也屬於衛青的時代緩緩拉開了序幕。

初戰龍城

暮去朝來，星霜荏苒，時間到了元光六年（前一二九年）。

四月底的一個黃昏，狂風嘶吼，風沙悲鳴。上谷郡（今河北懷來）外一匹棗紅色的高頭大馬一路向南。騎馬的是一個披甲軍士，儘管沙塵混合他臉上的汗珠，讓他的面容看上去有一些猙獰，可還是遮不住眉宇間的憂急之色。那匹馬在主人發瘋般的催促之下，四蹄狂奔。兩邊的群山飛快地掠到身後。當他一人一騎奔到軍事驛站之時，那匹馬竟累得口吐白沫，倒地而亡。

軍士顧不上死馬，急匆匆奔入驛站，將手中竹簡文書交與站內的另一個軍士。後者接過文書，立刻衝出門去，飛身躍上等候自己的馬匹，開始一輪接力賽似的瘋狂奔馳。

第二日，已不知經過幾匹快馬和幾個軍士，那卷塵沙猶未拭盡的文書終於送到了武帝手上。

武帝展開一閱，不禁陡然站起身來，右手在御案上重重一擊，左手將文書狠狠擲在地上。他擲出的力量之大，竟使穿過竹簡間的細繩啪的一聲崩斷了，一條條竹簡被摔得七零八落。

第二日上朝，武帝眼望群臣，一字一頓地說道：「昨夜接報，匈奴大軍壓境，前鋒已進至上谷。眾卿可有退敵之策？」武帝話音一落，眼睛已看向丞相薛澤。

薛澤雖是大漢開國功臣薛歐之後，卻沒有半點祖父氣概，若不是行丞相事的韓安國從車上摔下受了重傷，相位還輪不到他。此人壓根就不具丞相之才，其思想是不求有功，但求無過。此刻見武帝怒髮衝冠，哪裡敢上前說話？

武帝見文臣無言，望向武將。他不再問誰有什麼退敵之策的廢話，聲音嚴厲而又果斷地喝道：「衛青聽旨！」

衛青從武將行列中跨步而出，拱手道：「臣在！」

「朕命你為車騎將軍，率騎兵一萬，出上谷迎敵！」

「臣領旨！」

「公孫賀聽旨！」

「臣在！」

「朕命你為輕車將軍，率騎兵一萬，出雲中（今山西大同）迎敵！」

「臣領旨！」

「公孫敖聽旨！」

「臣在！」

「朕命你為騎將軍，率騎兵一萬，出代郡（今河北蔚縣）迎敵！」

「臣領旨！」

「李廣聽旨！」

「臣在！」

「朕命你為驍騎將軍，率騎兵一萬，出雁門迎敵！」

「臣領旨！」

武帝聲震殿宇，群臣聽得人人戰慄。

看著在面前並排站立的四位將軍，武帝走下台階，說道：「四年前，馬邑之圍未能伏擊匈奴。今日出擊，朕等你們得勝還朝！」

衛青等四人齊聲回答：「臣等一定不負聖望！」

這是衛青第一次率領大軍出征。

有激動、有狂喜，胸腔更充滿著欲振翅高飛的豪情。

從長安一路前往上谷，風獵獵、馬蕭蕭，看著綿延身後的一萬騎兵，衛青忍不住縱馬飛馳，奔上一個山丘，抬頭遠望長空。四月，江南已是桃紅柳綠，眼前的莽莽群山卻仍是一片蒼涼之色。是的，大漢自開國以來，在強悍的匈奴人面前從未有過一次酣暢淋漓的勝利。也許，這一次就是擊敗匈奴的最好時機。

長空浩蕩，衛青的思緒也無邊無際。他與公孫敖都是第一次領軍，公孫賀身為當過隴西太守的公孫渾邪之子，早有軍功立身，此次直出雁門的李廣更是身經百戰，堪稱威信素著的一代名將。出征之時，衛青不是沒聽到過懷疑之詞。不僅在李廣那裡，甚至在朝廷的文武百官那裡，不少人都竊竊私語，覺得衛青不過是依靠姊姊的裙帶關係才得以拜將領兵。所以，他需要證明自己，更需要為漢朝掃除邊患。

他有這個信心。

這時，已作為他部將的校尉蘇建策馬奔到衛青身邊。

蘇建說道：「將軍此次出征上谷，匈奴騎兵強悍，萬萬不可輕敵啊。」

衛青嘴角浮起一絲微笑，轉頭凝視蘇建，緩緩說道：「上谷不是我軍目的。」

蘇建一愣，驚訝說道：「將軍的目的是……」

衛青將目光移向部隊前鋒，緩慢而堅決地說道：「匈奴龍城！」

蘇建聽到這斬釘截鐵的四個字，不禁嚇一跳，說道：「龍城乃匈奴人祭天聖地，一定重兵把守，我們只有一萬騎兵……」

他沒有說完，顯是被衛青的大膽想法和將要面臨的惡戰驚住了。

衛青的目光繼續遙望前方，仍不急不緩地說道：「此次我們四路兵馬出征，匈奴必會分兵相抗，兵力分散。況且這是我們主動出擊，匈奴必會認為我們將徐圖緩進，不敢深入，他們絕不會想到我們會直接打擊他們的心臟！這就是兵法所說的，攻其不備，出其不意。」

聽衛青說完這些話，蘇建也不由剎那間熱血上湧，拱手說道：「末將誓死追隨將軍，直搗龍城！」

上谷為出塞要衝，係北長城起點，北過燕山即為茫茫沙漠，東扼居庸鎖鑰之險，西邊的小五台山毗鄰代郡，匯桑乾、洋河、永定、嬀河四河之水，素為匈奴南侵時志在必得之地。

衛青率軍先抵上谷。

快馬急報上說的匈奴先鋒一個也沒看見。

衛青即刻命人探問詳情。得到的回報是，匈奴已探知大漢兵分四路出擊，出雁門的是匈奴人最為頭痛的名將李廣，便調集軍馬，集中在雁門對付李廣，連不久前進犯上谷的匈奴先鋒也趕去增援。所有匈奴部隊均由匈奴君主軍臣單于和其弟左谷蠡王伊稚斜親自率領，意圖阻擊李廣。

名揚天下自有好處，但也難免樹大招風。

衛青聽完軍情，立刻下令，部隊拔營起寨，北過長城。

萬騎中只有蘇建一人事先知道衛青的打算。將軍的每句話無異於軍令，蘇建自然不敢對任何人透露口風。而其他人則對衛青的命令極為不解。北出長城，就意味著他們要進入沙漠，這豈不是一次向死神靠近的行軍？

但軍令如山，沒有人敢違抗。

衛青自己一馬當先，進入沙漠。在衛青眼裡，茫茫沙漠令人又恐懼又著迷。狂沙迷眼，漠風逼人。沙漠果然是天然屏障，這裡沒有敵方的軍馬，敵方也想不到漢軍會進入沙漠。也有些將領開始懷疑衛青的目的是龍城，但總覺得那是無人敢想的計畫。

現在，他們將親眼證實，無人敢想的計畫終於就要被人實現。

創造歷史的人，都是走了一條無人敢走的路。

經過一日一夜的急行軍，一萬漢軍終於看見了龍城所在。

衛青將腰間的利劍拔出，劍尖直指龍城，高聲呼道：「將士們！前面就是匈奴人的腹地龍城！為高祖雪恥的時候到了！蕩平龍城！揚我天威！」

在行軍中經過迷茫和恐懼的一萬大漢騎兵，頓時感到熱血澎湃。他們被興奮和自己創造的奇蹟喚起了鬥志。一個個橫戈躍馬，奮力吶喊：「蕩平龍城！揚我天威！」隨著驚天動地的喊聲，一萬匹戰馬如山洪暴發，滾滾撲向龍城。

狂風怒吼！飛沙走石！

自冒頓單于開始，匈奴人從未把漢軍放在眼裡。在他們看來，阻攔他們南下鐵蹄的，不過是漢朝源源不斷送上門的金銀珠寶和如花似玉的美女。龍城雖為他們的祭天聖地，卻並未像漢朝帝王們想像的那樣有重兵把守。

在不可一世的軍臣單于看來，沒有哪個漢人能夠抵達龍城。

但這一次，他失算了。

這一次，他將終生記住那個初出茅廬、英姿勃發的車騎將軍衛青的名字。

守在龍城的匈奴軍猝不及防，簡直不知城外的萬名漢騎是從何而至。這些大漢騎兵訓練日久，無不像猛虎下山，撲向他們的世代仇敵。兩方交戰一處，處處刀光劍影，時時馬踏連環。在銳不可當的漢軍面前，匈奴兵根本無計可施。他們的主將死了，副將死了，那些從戰場撿回性命的殘餘將士甚至不敢回城，只往自己熟悉的草原深處逃遁。

燕山月似鉤。衛青終於可以抬眼凝視這大漠深處的一鉤明月了。他頭盔未取，鎧甲未卸，身上的戰袍還沾染著斑斑血跡。

一陣腳步聲引他回頭，只見征衣也是未換的蘇建大踏步走來，臉上是壓抑不住的興奮。

蘇建走到衛青面前，拱手說道：「稟告將軍，已統計出戰果，今日交戰，我軍斬首匈奴騎兵七百。」

衛青沒有興奮之色，只緩緩點頭。

一個真正的將領，知道在任何時候都要保持冷靜，即使面對的是一場勝利。

月光從無比高遠又無比青湛的夜空中投射下來。

衛青又一次抬頭，一顆淚珠忽然從他眼角滲出。

蘇建不禁驚異。

只聽衛青慢慢問道：「我方軍士損失如何？」

蘇建只覺心中大震，眼前這位戰場上冷靜果毅的車騎將軍竟會在全軍盡情歡呼的時刻為死去的將士感傷。

他還沒有回答，又聽衛青說道：「再去統計一次，一個也不要漏了。對每位捐軀的將士，要好好撫恤他們的家屬。」

蘇建躬身說道：「末將領命！」

凱旋了！

這是武帝即位以來，第一次對匈奴主動出擊取得的勝利，且這第一戰便直搗匈奴腹地，這對忍受匈奴侵擾多時的漢庭來說是怎樣的揚眉吐氣！

武帝率領百官，在大殿之上迎接這位被他寄予厚望的將軍。

衛青上前向武帝行禮。武帝哈哈大笑，將他扶起，說道：「今日將軍橫掃龍城，天下揚眉吐氣，朕特備御酒，要與將軍共飲一杯！」

然而，武帝見衛青臉色如常，不像其他人那樣振奮，眉宇間甚至還有憂色，抬手將酒杯置於旁邊的托盤上，說道：「將軍好像不為勝利高興？」

衛青聞言一驚，這句話從天子口中說出來，可以說嚴重得很了。他趕緊拱手說道：

「末將僥倖，能直搗龍城是賴陛下洪福，賴全體將士用命。只是聽說另外三路大軍未能建功，所以臣……」

武帝眉頭一皺，說道：「朕對出征將士，歷來賞罰分明。今日是犒賞之日，將軍不必多想。你看，自高祖皇帝以來，還從未有過如此歡欣，這是將軍的功勞。朕與將軍同賀！」

長安城內，一片歡騰。

萬金贖死

衛青得勝還朝後，已被賜為關內侯。當他第一次來到自己的新府邸前，看著眼前高聳的院牆時，瞬間有點恍惚。數年前自己還不過是一個騎奴，現在就已經賜侯晉爵，想來真是不可思議。

多少人一生也難以封侯，多少人的一生夢想也就是能夠封侯。

衛青並沒有想過封侯，卻意外成為了關內侯。

他總覺得，自己這一次直搗龍城能夠馬到成功，是因為自己僥倖沒有成為匈奴的主要攻擊對象。

出雁門的李廣遭遇數倍於己的匈奴的埋伏，勢窮力竭後，連自己也被敵方生擒，幸好倚仗勇武，匹馬逃脫才留得一命。出代郡的公孫敖同樣遭遇伏擊，一仗下來，損兵折將竟達七千人之多。至於公孫賀，真不知他是幸運還是不幸，抵達雲中後沒見到一個匈奴人，空耗錢糧地駐紮了好幾日。當李廣和公孫敖兩路兵敗的消息傳來，他不敢再進，只得收兵回來。雖沒有折損，卻也沒有功勞。

匈奴的精銳傾巢出擊雁門對付李廣，這才給自己奔襲龍城留下了機會。

如果匈奴精銳留在龍城，自己能夠取得完勝嗎？

一個被勝利掩蓋的無情事實是，他率領一萬軍騎，僅僅斬首七百，不可能就此動搖（遑論摧毀）匈奴的數十萬武裝。這場勝利之所以令朝野沸騰，不過是因為人們期盼這場勝利已經太久了。

衛青看得十分清楚，這場勝利的意義僅僅在於揚威，在於給大漢帝國的千百萬臣民注射了一劑強心針。心理基礎是重要的，他奠定了這一基礎，接下來才是硬碰硬的較量。想到這裡，衛青心中又不由得湧起一股豪情。不錯，這場勝利之後，匈奴人的重點攻防對象將不再是李廣，而是一戰封侯的自己了。

他必須用進一步的勝利來證明自己將不負天下的期望。

現在佔據他全部心神的便是公孫敖了。這個與他同樣首次領軍的將軍，一萬騎兵折損七千，與全軍覆沒差不了多少。

按大漢律法，公孫敖與李廣都得因喪師之罪處斬。他不能去向武帝求情。如果公孫敖因他求情赦免，那死去的七千將士豈不英魂難散？但他也無法眼睜睜看著公孫敖引頸就戮，如果不是公孫敖當年捨命相救，他衛青早已成為大長公主的刀下之鬼了。

衛青左右為難，想不出辦法。李廣是大漢軍中靈魂般的人物，公孫敖也是武帝一直喜愛的親信之人，說不定到最後一刻，武帝會心軟刀下留人。衛青獨坐房間想了許久，忽然想起很久沒有看望姊姊了，不如去衛子夫那裡看看。經歷過生死的人，會把親情看得比往日更重。

衛子夫見弟弟來看他，極為喜悅。令衛青更意外和驚喜的是，衛子夫又一次懷孕了。

武帝嬪妃雖多，卻是獨寵衛子夫。入宮十年來，衛子夫已經給武帝生下三個女兒，分別被封為衛長公主、陽石公主、諸邑公主。武帝至今沒有兒子，怎會不想衛子夫給他誕下帝國的繼承之人？所以，此次衛子夫懷孕，乃是關乎整個帝國前途與命運的大事。

此時的衛子夫地位穩固。陳皇后卻因始終沒有懷得龍子，竟在去年施巫蠱邪術，建祠祭祀，祝告鬼神，詛咒衛子夫。事發後，武帝怒而廢后。從那以後，後宮中再也無人挑戰衛子夫獨承雨露的受寵地位。如果衛子夫此次能生下皇子，滿朝文武皆知，等候衛子夫的，將是母儀天下的皇后之位。

對衛子夫和衛青這對姊弟來說，一切都苦盡甘來。曾經的歌女和騎奴生涯已一去不返。衛子夫看著弟弟，微笑說道：「我聽說陛下已經賜你關內侯，姊姊真是為你高興。我看衛家的門楣，只有你才可以把它光大了。」

衛青也笑著說道：「弟弟倒沒想衛家之事，這第一次披甲上陣，弟弟所想，便只有安邦定國，即便暴骨他鄉也無所怨尤。」

衛子夫笑道：「若陛下聽到你這番話，可不知有多高興。」

衛青說道：「當今天子雄才大略，依臣弟愚見，匈奴邊患，當在我朝解除。」

衛子夫說道：「姊姊是深宮之人，不懂得行軍打仗。你們出征以來，陛下日夜憂急，當得到你的捷報之時，才總算有了笑容。你不知那天陛下有多興奮。」說到這裡，衛子夫像是想起武帝當日心中石頭落地的模樣，不禁臉上又一次現出微笑。

衛青沉吟片刻，終於說道：「但是……此次陛下是命四路出擊，只有弟弟僥倖得勝，其餘三路，都未能立功。」

衛子夫「哦？」了一聲，說道：「這個我倒沒聽陛下說起。」

衛青平時很少見到姊姊，這時終於忍不住，將自己當年在建章宮如何被大長公主派人誘殺，公孫敖又如何將他解救之事詳細說了一遍，然後說道：「今日在朝上，皇上已然公佈，按大漢律法，公孫敖將被問斬。臣弟想起他被押往監牢一幕，心中難受。姊姊能否為我指一條明路？」

衛子夫聽完，也不覺心中一震，站了起來，說道：「公孫敖自幼便在宮內，一直是陛下親信之人，陛下怎會捨得……」

衛子夫沒有說完，她腦中想起了武帝平時的處事風格，對觸犯律法之人，素來毫不留情。自己入宮十年，已看見太多人因觸法喪命。她更知道，自己雖得武帝寵愛，若牽扯進公孫敖之事，武帝必然以為自己有干政嫌疑。這是武帝的禁區。呂后、竇太后造成的外戚權重，至今陰影未散，若自己憑著弟弟剛剛封侯的威風，貿然求情，只會適得其反。

衛子夫雙手慢慢撫摸自己隆起的肚腹，終於哀聲說道：「姊姊……實在無能為力。」

眼見武帝寵愛的姊姊也無能為力，衛青也找不到其他辦法。他一旦理解了姊姊的難處，就明白自己更不能去向武帝求情。

在百官甚至武帝眼裡，他是關內侯不假，更不假的，他還是不折不扣的外戚。這是自惠帝以來，令人思之難免有前車之鑑的恐怖稱謂。

有一千條理由防備匈奴的武帝，也有同樣多的理由防備外戚。

衛青首次出征便橫掃龍城，封侯晉爵，表面上風光無限，實際上已成眾矢之的。若還為喪師之將求情，朝中的小人，只怕隨時會在武帝前奏上一本。

在帝王眼裡，立功之人，固然值得倚重，卻絕非不可缺少。

他現在可以做的，只能是經常去監牢看望公孫敖而已。

對監牢的獄卒來說，人人知道公孫敖和李廣的來頭。他們雖罷官下獄，獄卒們是不敢對他們如對其他犯人一樣輕蔑呵斥的。公孫敖是武帝身邊的紅人自不必說。至於李廣，在文帝時便入伍抗匈，嶄露頭角，後隨景帝平定七國之亂時，已成為漢軍中出類拔萃的名將。現已歷三朝，早就名揚天下。那些獄卒不僅不敢小看，對他們照顧得還格外殷勤。

對於衛青的探望，公孫敖自然欣喜，李廣卻言辭頗帶譏諷。

李廣說得直接：「若不是匈奴全軍前往雁門阻我，你也做得到直搗龍城？」

衛青知道李廣心中不平，他也不想反駁。確實，衛青能取得勝利，和匈奴對李廣的防範有關，然而卻絕不能說是唯一因素。戰爭的結果，往往取決於大膽與縝密相結合的致命一擊。

衛青對李廣其實內心十分仰慕。還在做騎奴時就聽過李廣的無數傳奇。但見對方對自己怨氣深重，也漸漸不去李廣牢室，只在公孫敖牢室與他對飲。也幸好常去牢室，衛青有一天看到李廣居然被獄卒從牢室放出。他當時正與公孫敖在牢室飲酒，看著李廣被卸去刑具，家人將他接走，不禁驚訝萬分。

一個被判決問斬的死囚如何得以出獄？

當送走李廣的獄卒回來之後，衛青即刻命他過來。詢問之下，那獄卒說道：「侯爺難道不知？李廣將軍的家人為他湊足萬金，已免去一死了！」

衛青聞言不由一愣。他對官場的一切實在太不瞭解，立刻急聲問道：「這麼說，如果有了萬金，公孫將軍也可免去一死？」

「那是自然。」獄卒居然對衛青嘿嘿笑了起來，「侯爺沒聽過有錢能使鬼推磨嗎？只要有錢，什麼事做不到？」

衛青一下子驚呆了，揮手命獄卒出去，對公孫敖說道：「你聽到沒有？拿出萬金便可贖命啊。」

公孫敖端起了酒杯，一飲而盡，放下杯才慢慢說道：「我聽到了，這原本是一直就有的事。」

衛青不由急了，說道：「你既然知道有這事，那怎麼不早要你家人送金贖命？」

公孫敖倒是笑了，說道：「我幼失雙親，家中除我再無他人，誰會替我去籌這萬金？我雖一直在天子身邊，卻從來沒撈過油水，有多少俸祿就花多少，我哪來的萬金？別說這個了，生死有命，想到那些死去的將士，我只後悔當初為什麼沒有戰死沙場。」

衛青緊緊凝視公孫敖，說道：「你沒有萬金，我有！」

公孫敖吃了一驚，抬頭看著衛青，說道：「你即使有，我也不能要，那都是你用命換來的。」

衛青笑了，說道：「但是你忘了，我的命是你救的。」說罷，衛青轉身便往牢室外走，對公孫敖在身後的呼喊再也聽不到一句。

秋天總是來得有些突然。似乎一夜之間，長安城就被落葉鋪滿。

衛青起身將窗子關上，將剛剛被風吹熄的一枝蠟燭再一次點上，轉頭看著一身灰衣、在眼前端坐的公孫敖，輕聲一歎，說道：「這麼久不見你，你去哪裡了？」

公孫敖被衛青納金贖命之後，被貶為庶人。與衛青告別之時，公孫敖的說辭是去投靠遠親。沒料到，今日衛青無意間在街上撞見已然落魄的公孫敖，便將他帶回府中。

公孫敖只以歎息來回答衛青。

衛青在他對面坐下，說道：「沒有你，就不會有我。其實我知道，你沒有什麼遠親，這些日子，你一直就是在長安城對吧？今天帶你過來，千萬別以為我是要施恩示惠，我是有件事需要你幫忙。這件事除了你，也沒人可以幫我。」

公孫敖苦笑一下，說道：「還記得當年在甘泉宮的事嗎？那個鉗徒給你看相，說你將來必會封侯，說我起落無常。還真被他說中了。」

衛青面色凝重，一字一頓說道：「起落無常，就說明你還會東山再起。」

公孫敖伸手端起桌上的酒杯，仰頭喝了一口，抬手擦嘴，說道：「真是很久沒喝過這麼好的酒了。你需要我做什麼？其實我知道，你是顧及我的自尊，所以才說是需要我幫你，其實沒那個必要，你真有什麼事用得上我，公孫敖赴湯蹈火，也萬死不辭！」

「公孫兄言重了。」衛青咳嗽了一聲，俯身說道，「我的確是有事需要你幫忙。」

公孫敖此刻才覺詫異，眼前的衛青如今身為關內侯，能有什麼事需要他一個平民幫忙？當他聽到衛青稱自己為「公孫兄」時，心頭猛然湧起一股溫暖。出獄之後，公孫敖知道衛青為自己付出的代價幾乎就是他當時的全部身家。他不想給衛青再添麻煩，便用一個謊言離開。當然，這也有他的自尊在裡面。

公孫敖看著衛青，說道：「究竟什麼事？我做得到的一定去做。」

衛青緩緩站起身來，用手捂了捂嘴唇，壓住從胸腔湧上的咳嗽之意，說道：「你也應聽說了，匈奴如今又犯邊境。我因患病在身，陛下派遣衛尉韓安國為材官將軍，出戍漁陽（今北京密雲）。我總擔心韓將軍此行會遭遇不測。在他班師之前，我想前往軍營居住，一邊養病，一邊隨時準備和將士出征。這段時間，我想你就住我侯府，幫我教授一個人。」

公孫敖聞言，大是驚異。邊患之事，他自然耳聞，卻沒想到衛青會有如此安排，未勝慮敗，實是將才。公孫敖不由熱血上湧，站了起來，說道：「要我教授誰？」

衛青微微一笑，還是忍不住咳出一聲，對門外喊道：「去病，你進來！」

隨著話音，門外走進一個十一二歲的少年，只見他眉目清秀，清秀中又透出一股勃勃英氣。

公孫敖一見，恍惚覺得他像極了自己當年在甘泉宮第一次看見的少年衛青。

那少年走到衛青身邊，叫了聲「舅舅」，便以好奇的目光打量起公孫敖。

衛青對公孫敖微笑說道：「這是我二姊的兒子，叫霍去病，現住我府中。我去建章宮後，想請你居我府上，傳授這孩子弓馬武藝，有你傳授看管，我也可放心前往。」

公孫敖很是詫異，他記得很清楚，衛少兒的丈夫叫陳掌，當年和自己差不多同時封官，怎麼他們的孩子會姓霍呢？不過，有些事他也不想知道，又看了霍去病一眼，見那孩子眉目委實招人喜愛，對衛青說道：「我看去病聰明伶俐，怎麼不讓他去習文呢？」

衛青微微一笑，說道：「文士固然風流，可守疆衛土，沙場殺敵，乃至戰死沙場，不才是我大漢的錚錚男兒嗎？」

公孫敖聞言，心口滾燙，雙手抱拳，對衛青沉聲應了個「諾」字。

飛將李廣

元朔元年（前一二八年）秋，邊關再次傳來匈奴大舉入侵上谷、漁陽的消息。材官將軍韓安國駐守漁陽，但與匈奴交手，卻是一戰即潰，若不是燕兵及時增援，韓安國恐怕在匈奴圍困中便在劫難逃了。他率殘兵敗將移駐右北平（今遼寧凌源西南），將加急文書上報朝廷。

面對急報，整個朝廷震動。沒料到匈奴龍城被襲不久，便發動了如此迅猛的攻擊。

武帝展讀敗報，怒不可遏，眼望群臣說道：「韓安國兵敗，朝中何人願往迎敵？」

群臣你看我，我看你，半晌無人說話。

丞相薛澤出班奏道：「啟稟陛下，匈奴猖獗，今滿朝文武，能抗匈奴者，唯關內侯一人而已。」

武帝右手握成拳頭，在御桌上一捶，不耐煩地說道：「朕豈會不知這點？丞相是總領百官之人，難道不知關內侯現下身染重病？」

薛澤事不關己，回答得倒是不慌不忙：「陛下，為武將者，戰死沙場尚且不懼，何況區區微恙？臣料關內侯絕無因病推託之理。臣也聽聞，關內侯雖在養病，卻也厲兵秣馬，懇請陛下降旨，命關內侯率軍迎敵，必可再勝。」

薛澤話音一落，朝中群臣紛紛交頭接耳，都覺得薛澤此言不差。

武帝眼望薛澤，冷冷一笑，說道：「丞相只說出其一，可能說出其二？」

薛澤見武帝聲嚴色厲，心中頓時一驚，說道：「臣愚鈍，未知這其二是……」

只聽武帝沉聲說道：「關內侯有直搗龍城之舉，匈奴早視其為虎，關內侯若是出兵，必是惡戰。若其身體無恙，朕自將命他出征，如今重病在身，若稍有差池，在天下臣民眼裡，只會覺得關內侯龍城之勝，乃僥倖所致，這也罷了，可對我大漢的民心影響會多強烈，丞相可有想過？」

薛澤聞言，不禁額頭冒汗，趕緊躬身說道：「陛下聖明！」

武帝仍是冷眼掃他，繼續說道：「關內侯身體不適，仍在軍營中與士卒一起，朕願朝中之臣，都有此等忠心！」

文武百官同時跪倒，齊聲說道：「陛下之言，臣等銘記！」

武帝看著殿下跪倒的一片文武，心中極是無奈。眼前這些人除了會順桿來爬，表示忠心之外，有誰能真正拿出抵抗匈奴的大計？

衛青臉色蒼白如紙，躺在床上，不停地咳嗽。

一士卒正伺候衛青喝下一碗湯藥。

帳門一掀，蘇建大步走了進來。衛青低聲命士卒出去。

蘇建走到衛青床前，說道：「將軍今日身體如何？」

衛青歎息一聲，說道：「病去如抽絲，真是令人無奈。今日朝廷可有解除軍情的對策？」

蘇建重重歎道：「今日朝廷，丞相奏請將軍出征，被陛下否決。」

衛青心中豪氣雖填，卻終覺周身百骨鬆懈，連起身的力氣也沒有，不由仰首歎道：「沒想到會生此一病，真是辜負天子，也不知這病何日方癒？我恨不能今日就兵發右北平，與匈奴一戰！」

蘇建凝望衛青，說道：「將軍暫且安心養病。天子退朝之時，特命末將問詢將軍，右北平之事甚急，將軍覺得何人能往？」

衛青略略沉思，抬頭看著蘇建，緩緩說道：「速報陛下，如今只有李廣將軍可往！」

蘇建聞言一驚，說道：「李廣將軍現貶為庶人，如何……」

對蘇建來說，覺得意外的還有，天下無人不知李廣對衛青的龍城之勝公然不服，現衛青在病中仍是舉薦李廣，不禁暗暗敬佩衛青的胸懷。

衛青勉力微笑一下，說道：「國家有難，匹夫有責，更何況李廣將軍素得軍士擁護，也令匈奴畏懼，你速告陛下，現唯有重啟李廣，方可消除兵患。」

武帝聞奏，果然重新啟用李廣，命其兵援韓安國。

過得半月，蘇建興匆匆來見衛青。此刻的衛青已不是當日病纏床榻之狀。雖未痊癒，卻已能騎馬揚戈，與建章宮軍士一同操練了。

衛青見蘇建臉色，便知有佳音來告，即刻和蘇建一同進入營房。

蘇建臉上興奮，剛一坐下就說道：「李廣將軍兵發右北平之後，果然震懾匈奴，現戰事趨緩，將軍可以放心了。」

衛青聞言，也是感到興奮，他沉吟片刻，抬頭說道：「不過匈奴終究未滅，我看還是有場惡戰，得囑李廣將軍多加留意才是。」

蘇建的臉色倒是更為興奮了，說道：「將軍放心，李廣將軍果然神勇過人。末將聽聞，因右北平虎患頻多，李廣將軍一邊禦敵，還一邊逐虎安民，到右北平不過數日，已射死好幾隻大虎。」

衛青不由微笑，說道：「李廣將軍乃我軍傳奇之將，是不是他射虎也有傳奇之事？」

蘇建哈哈一笑，說道：「李廣將軍在某夜巡邏之時，見草叢中隱隱伏有一隻老虎，立刻張弓射去，那虎無聲無息，料已一箭斃命，他的隨從想去拉出死虎時，竟發現那不是老虎，而是一塊巨石。離奇的是，李廣將軍那一箭，竟然透石數寸，誰也拔它不出。」

衛青聽蘇建一口氣說完，不禁豎起拇指，脫口讚道：「箭能入石，得多大的神力！有李廣將軍這樣的猛將，真乃大漢之福啊。」說罷，衛青也不禁神往。他自幼便聽聞關於李廣的種種傳奇，今天算又增加一件。他雖知李廣對他不服，自己卻始終仰慕李廣，又笑著繼續問道：「李廣將軍那裡，還有什麼事可以一說？」

蘇建見衛青繼續詢問李廣，雙眉忽然微皺，似是想了片刻，才說道：「還有一事，也不知該說不該說。」

衛青見蘇建神色，不覺收斂起笑容，說道：「軍前之事，沒有哪件是小事，快快說來。」

蘇建抿了抿嘴唇，說道：「末將還聽聞，李廣將軍此次是以右北平太守身份領兵，第一天就斬了灞陵縣尉。」

衛青一愣，說道：「那縣尉犯了何事？」

蘇建歎息一聲，說道：「李廣將軍被貶為庶人之時，居住在藍田南山，每天以打獵來自娛度日。某日帶個隨從外出飲酒，到深夜才回返，路過亭下時，正好撞見灞陵縣尉巡夜。按律法規定，庶人深夜不可外出，所以他們被縣尉厲聲喝止。那隨從便對縣尉說自己主人是以前的李將軍。在他看來，縣尉聽到李廣將軍之名，自會放過。沒想到，縣尉回答說，就是現任將軍，也不宜犯夜，何況是以前的將軍呢？堅決不肯放行，李廣將軍無奈，只好忍氣吞聲，在亭下露宿了一夜，天亮後才被允許回家。」

衛青聽到這裡，也不禁遲疑，緩緩說道：「律法的規定，自然得人人遵從，難道……」他目光狐疑地看向蘇建。

蘇建輕聲歎息，說道：「此次李廣將軍重被授職赴任，當時就很堅決地奏請天子，要調灞陵縣尉隨軍。末將想那縣尉也一定驚慌，可天子之命不可違，只得奉旨前往軍中，他剛去謁拜李廣將軍，當即就被喝令斬首。唉！」

衛青不禁站了起來，臉色發白，問道：「此事天子如何處置？」

蘇建也跟著站起說道：「李廣將軍斬了縣尉，立刻上書請罪，天子正倚重李將軍，沒有問罪，反而慰勉了幾句。料想天子也是無奈，但總覺此事……」

「確是不該！」衛青替蘇建把話說完，一邊搖頭，一邊說道：「素聞李廣將軍愛兵如子，凡事都身先士卒，但如此氣度，又如何能成大事？」

匈奴雖畏懼李廣，卻始終未停止侵擾邊疆。李廣和匈奴多次交手，終究無法將匈奴驅逐。在匈奴一方，面對李廣，也是頗感難有作為。到元朔元年（前一二八年）冬天，暫時避開李廣鋒芒的匈奴揮戈雁門和漁陽，又殺死千餘大漢吏民。武帝大怒，命病已痊癒的衛青率三萬騎兵出雁門，又命將軍李息出代郡。衛青與李息兩路呼應，只一仗，衛青便斬首匈奴數千人，得勝而回。

這是衛青與匈奴的第二仗，也是他證明自己的才華之仗。畢竟，經過龍城之役後，軍臣單于已將衛青看成自己的重要對手。聞得衛青率軍前來，盡起精銳，與衛青面對面交鋒，想一雪龍城之恥，結果是數千匈奴將士的人頭，成為衛青的報功之物。軍臣單于大敗撤軍。

衛青回朝之後，發現武帝的欣喜若狂不僅僅因為他對匈奴取得了第二次勝利，更因為衛子夫生下了一個男嬰。

普天臣民也為皇長子出生而興奮。武帝親自為皇長子取名為劉據，同時，還不出意外地冊封衛子夫為皇后，大赦天下。

從這一天開始，衛氏家族登上的，不僅是大漢的軍事舞台中心，還包括更令人目眩的政治舞台中心。衛子夫進一步母憑子貴，成為後宮之首。兩敗匈奴的衛青成為武帝最為寵信的臣子，只要是出自衛青的謀議，無不依言而行。

衛青最為輝煌耀眼的時代已經開始。

人在右北平的李廣心中異常苦澀，他歷經三朝，原本是漢軍中的靈魂人物，不料一個騎奴竟後來居上，實在是心意難平。唯一能安慰李廣的，便是一同隨軍的兒子李敢。父子同心，李敢如何會不知父親心事？無戰事之時，李敢不是發憤練武，就是陪父親飲酒解悶。

李廣眼望兒子，喝下一杯酒後說道：「為父恐怕終生封侯無望，敢兒一定要記住，你是李家的大好男兒，父親實現不了的心願，你要替父實現。」

李敢放下酒杯，肅身而立，說道：「父親放心，敢兒一定奮勇殺敵，不負父望！」

其時殘月在天，冬風折樹。李廣抬起頭，望著幽冷月暈，喃喃說道：「難道我真的比不上一個騎奴？」

朔方設郡

自秦朝開始，北方匈奴縱橫草原，日益強大。到秦二世元年（前二〇九年）之時，野心勃勃的冒頓單于殺父奪位，以武力首次統一了北方草原，建立起了龐大的匈奴帝國，隨即虎視中原。

秦始皇似乎早有預感，匈奴將成邊境之患，於是在剛剛統一六國的當年（前二二一年），不顧丞相李斯的諫言，命蒙恬率三十萬大軍揮師北上，攻打匈奴。十餘年戰事下來，將匈奴人逐出河套以及河西走廊之後，秦軍竟再也不能借一統天下的餘威「逾河而北」。隨後，蒙恬將黃河以南劃為四十四縣，修築長城，連接起秦昭王及趙、燕時所修的舊長城，利用地形，沿黃河、陰山設立亭障要塞。

陰山高峻連綿，東西橫臥，包括狼山、烏拉山、色爾騰山、大青山等山脈。山地北坡斜入蒙古高原，南坡則以逾千米的落差收於黃河的河套平原。長城通過這些崇山峻嶺之時，只選在地勢較低的山嶺和平川之地築有城牆，並在山谷口外修築小城。這些談不上有規模的建築，秦代稱為「戍」，到漢代改稱為「障」和「塞」。

在漢與匈奴和平交往時，雙方以關塞為開放出入之所。

漢匈之間維持的脆弱和平關係在漢武帝元光二年（前一三三年）終結。是年，掌管邦交的大行令王恢謀劃「馬邑之圍」，企望一舉伏滅匈奴。然而功敗垂成，卻也結束了自高祖以來對匈奴奉行的和親政策，同時使漢匈的戰爭規模愈演愈烈。

依靠衛青，漢朝取得兩次振奮朝野的勝利。不料，還沒來得及喘口氣，僅過一年，即元朔二年（前一二七年）冬，連番受挫的匈奴居然又一次兵發上谷、漁陽，大漢兩千餘邊民再遭屠戮。

武帝在朝中的怒意無不因匈奴而起，立刻下旨：「著衛青率軍往上谷增援，李息往漁陽增援！」

衛青和李息出班。衛青因官在李息之上，李息自然要等衛青率先接旨。

不料，衛青拱手說道：「臣……不敢接旨！」

此言一出，滿朝文武簡直不敢相信自己的耳朵。李息在衛青身旁，也不禁驚訝地側頭看向衛青。

武帝也是一愣，隨即站起，手指衛青，厲聲怒道：「你敢抗命？」

衛青微微一笑，仍是拱手說道：「陛下息怒，非臣不接，是臣想去另外之地。」

「你想去何地？」武帝強抑怒火，還是忍耐下來。在武帝瞬間的意識裡，衛青兩次擊破匈奴，用兵之神，不輸開國名將淮陰侯韓信，恐怕他另有妙策。

果然，只聽衛青胸有成竹地說道：「匈奴屢次犯境，不外乎上谷、漁陽和雁門三地，重兵集結，我軍固然不懼當面迎擊，可難免長途跋涉，人困馬乏，敵軍則以逸待勞，勝負難料。依臣之見，不若我揮師雲中（今內蒙古托克托縣東北），迂迴高闕，直指隴西，李息將軍則出代郡，對盤踞河朔的匈奴白羊王與樓煩王形成包圍之勢。」

武帝一直未坐，此刻聽衛青說完，不禁驚喜非常，走下台階，說道：「你是說，出兵雲中，看起來是圍魏救趙，實際上是要收復河朔？」匈奴白羊王和樓煩王盤踞河朔已久，是大漢真正的腋下之患。武帝最為擔憂的，便是從河朔到關中不足千里，若精騎長驅，數日便到。實如一柄利刃懸在頭頂，時時威脅長安。

作為帝國都城，豈是上谷、漁陽和雁門可比的？

衛青不答，只躬身說道：「臣請陛下降旨！」

李息聲音也洪亮地說道：「臣請陛下降旨！」

當年蒙恬率三十萬虎狼之師，還是無法將疆域開闢到無險可據的黃河以北。但陰山及賀蘭山腳下的黃河草原（今內蒙古鄂爾多斯大草原）沃土千里，是兵家必爭之地。武帝和匈奴，連年用兵，國庫日虛。武帝一直靠文景二帝留下的積蓄支撐，匈奴則靠的是連年掠奪，所以，唯有一勞永逸地佔據肥沃的河套平原，國力才有可能取得迅速發展。

一戰之勝不過是戰術，一國之勝才是戰略。

在衛青眼裡，絕非只有戰術，還有深思熟慮的戰略。

匈奴人雖然打仗凶悍，對兵法卻始終不甚了了。衛青與李息分頭領兵出發之後，衛青立即命李息大張旗鼓，沿馳道而行，並放出消息，說此行乃增援上谷和漁陽。軍臣單于果然中計，命重兵陳於通往上谷、漁陽之途，想將李息大軍攔截擊潰，便可將連年未能染指的上谷及漁陽據為己有，打開南下中原的門戶。

衛青兩敗匈奴，尤其龍城之恥，令軍臣單于恨不得將衛青五馬分屍。李息雖還未與匈奴交過手，卻是當年參與馬邑之圍的材官將軍。對此二人，軍臣單于自是痛恨非常。

衛青出雲中之後，千里迂迴。當衛青派出蘇建、張次公兩員猛將出其不意，撲向高闕之時，白羊王與樓煩王才驚覺漢軍已在自己北面。匆忙間，樓煩王率部急急北上，想阻擊漢軍。

但此時樓煩王面對的，是運籌帷幄的大將衛青。樓煩王剛剛一動，半途折出代郡的李息已向河南（今巴彥淖爾市烏加河以南）猛撲而來。

高闕位於陰山山脈西北，其處有一缺口，形如門闕，故得此名，它也是當年趙武靈王所築長城的終點。秦始皇曾派蒙恬渡河來攻，現在衛青卻沒將它當作終點。漢軍以迅雷不及掩耳的雷霆之勢拿下高闕之後，衛青掉轉馬頭，飛速南下隴西，與李息遙相呼應，形成合圍之勢。

白羊王各部被漢軍兩路夾擊，驚得魂不附體，只覺漢軍漫山遍野，猶如天降。衛青手下的蘇建、張次公等校尉更是奮勇爭先，各路奇出，白羊王終於抵敵不住。面對北有衛青，東有李息之困，白羊王只有倉皇南逃一路，被終於會師合軍的衛青和李息圍殲於河南。一蹶不振的白羊王和樓煩王從此在草原上消失。

此次收復河朔之戰，衛青捕獲敵人幾千名，牛羊竟達數十萬頭之多，為漢匈交戰以來的最輝煌戰績。武帝大喜之下，封衛青為長平侯，充當前鋒校尉的蘇建也一躍封為平陵侯，張次公為岸頭侯。其他將士，都論功行賞。

這是意義深遠的一仗。漢朝自高祖開國以來，秦始皇建立的郡縣制被全盤接受。在秦始皇設立的三十六郡（後增為四十一郡）中，最北端止於原趙國版圖中的太原郡、雲中郡、邯鄲郡、鉅鹿郡、雁門郡、代郡、常山郡以及原燕國版圖內的廣陽郡、上谷郡、漁陽郡、右北平郡、遼西郡、遼東郡等。

借衛青收復河朔的大勝之威，武帝頒旨設立朔方郡（今內蒙古鄂爾多斯）。

當夜，蘇建前往衛青府中。他知道自己得以封侯，實乃衛青指揮有方，自然要來拜謝，另外對今日聖旨之事，懇切說道：「陛下欲設立朔方郡，蘇建想請命前往，修建朔方城。望將軍予以成全。」

衛青笑道：「平陵侯親自前往，朔方城一定築成。只是，平陵侯剛洗征塵，是否會太過勞累？」

蘇建見衛青同意，不由大喜。滿朝文武無人不知，今天的衛青堪稱位高權重，武帝對他言聽計從，恩遇日隆。落座後仍拱手說道：「蘇建已三次隨將軍北行作戰，將軍之風，耳濡目染，我大漢男兒，豈能遇難而退？匈奴雖被將軍趕出河朔，卻不可掉以輕心。蘇建受天子封侯，得將軍提攜，不知如何報答。我已熟知朔方地形，不如我前往築城，既為天子分憂，也為我大漢盡綿薄之力。」

衛青聽蘇建這番話，微笑說道：「其實我知道，平陵侯是擔心天子會派我去築城，你擔心我已過於勞累，所以想搶先請命。我說得沒錯吧？」

蘇建被衛青說中心事，倒有些不好意思，嘿嘿笑了兩聲。

衛青站起身來，說道：「大丈夫處世，當遇明主，更得遇良朋。我與平陵侯早是肝膽之交，衛青在此謝過。說實話，此次出征，收復河朔，逐匈奴於漠北，朔方城我也想親自去建，只是家中有二人尚待安排，我正自躊躇。平陵侯願意前往，我也可以放心。」

衛青見蘇建眼有詫色，微笑說道：「我為平陵侯引見他們。」他朝門外做個手勢，不多時，公孫敖與霍去病先後進來。

蘇建一見公孫敖，驚呼一聲，跳起來說道：「公孫將軍也在此處？」

公孫敖哈哈笑道：「平陵侯可別叫我將軍啊，我現在已是庶人，暫寄居此處。」

這時下人來報，酒桌已然擺好。衛青即邀請蘇建、公孫敖前往就座。霍去病也十分自然地跟了過去。僅僅兩年，霍去病已然長高不少，身子骨看起來也異常強健。

四人都有頂天立地之概，這一夜盡皆喝得大醉。

第二天，蘇建當朝請命，願前往河朔築城。武帝極為振奮，當即下旨，命蘇建前往河朔，修建朔方城。自此，河朔之地，歸入大漢版圖。

衛青親自將蘇建一行送至長安城外，才轉身回府。

公孫敖與霍去病未在房間，衛青料他們在府中練武場，便直接去往後院。

果然，公孫敖和霍去病在練武場比試射箭。衛青收住腳步，在院門外觀看。只見年方十四歲的霍去病已能嫻熟縱馬，跳過幾處障礙之後，霍去病在馬上拉開硬弓，接連三箭都射中百步之外的靶心。

衛青忍不住大聲喝彩道：「好！」

公孫敖和霍去病聞聲而止，同時看向院門。見衛青微笑邁步過來，都不由欣喜。

衛青走到公孫敖面前，雙手抱拳，鄭重說道：「這些時日，真是辛苦你了，將這孩子調教得如此驚人！」

公孫敖哈哈笑道：「不是我調教得好，是去病稟賦奇高，什麼都一學就會。」

霍去病倒不謙虛，跳下馬過來，昂首對衛青說道：「舅舅，昨晚的平陵侯，是這次跟你出征回來所封的嗎？」

衛青說道：「是啊，怎麼了？」

霍去病將手中弓弦仰天一拉，說道：「舅舅，你下次出征，把我也帶上，你信不信我也會一戰封侯！」

衛青和公孫敖互看一眼，不由哈哈大笑。

霍去病臉一板，說道：「有什麼好笑的？你們以為我是小孩子？我已經長大了！」

衛青收住笑，仔細看了看霍去病，轉頭對公孫敖說道：「去病有這樣的大志，我這個當舅舅的還有什麼可說的？公孫兄，我有一個想法，下次出征，我帶上你，讓陛下也重新認識當年的那個騎郎公孫敖！」

公孫敖聞言大喜，連說話的聲音也顫抖起來：「太好了！我一直就在等這一天！」

霍去病在一旁急了，說道：「舅舅，下次出征，你就只帶公孫叔叔不帶我？」

衛青臉上微笑，伸手想摸霍去病頭頂，手伸到一半，見其神色凜然，不由心中一動，改為拍他肩膀，說道：「舅舅答應你，等你十八歲時，一定帶你出征！」

霍去病聞言，臉上露出喜色。但只一轉眼，喜色又飛快地消失，只聽他意興闌珊地說道：「照你這麼說，我還得等到十八歲才能封侯了。」

衛青哈哈大笑，說道：「你若十八歲封侯，古往今來，已是第一人了。」

姻緣

衛子夫被冊封皇后之後，入住陳皇后曾住過的未央宮椒房殿。在衛子夫看來，自己歌女出身，今日竟能幸為皇后，實為命運眷顧。宮中十多年歲月，豈能不知前朝的皇后和太后之事？曾奉命作〈皇太子生賦〉的文學侍從枚皋又特為皇后進獻〈戒終賦〉，賦中之言，無非是勸誡皇后要將身為夫人時的品德作風繼續發揚。衛子夫展閱之後，心中頗為感慨，自然身體力行，做好後宮之主。幾年下來，武帝後宮再也沒像前朝那樣，發生逾權之事。

衛子夫也自然知道，自己獨得武帝寵愛，后位穩固，不僅是生下了皇長子有功，還有更重要的一點，是弟弟衛青權勢日重。不過，衛子夫倒沒因此而生政治野心。弟弟的功績無日不被喜拍馬屁的宮女宦官傳入後宮，時時說起。衛子夫雖恭謹克己，每次聽到弟弟功績，還是抑制不住喜悅。揣摩衛子夫的心意一點不難，於是，宮中的宦官與宮女都極為擅長在衛子夫面前反反覆覆描述衛青的赫赫武功。

元朔五年（前一二四年）的一個春日，乍暖還寒，一場細細的春雪蓋滿宮中的每處殿宇屋脊。後宮一些宮女將掃雪當作自娛，嘻嘻哈哈地笑個不停。那些假山與欄杆都打掃得乾乾淨淨。後宮和御花園的高樹在寒風中竟然開出一些零星黃花，與白雪交映，格外迷人。空氣清新，令人已不覺得如何寒冷。

午時剛過，一名常侍宦官腳步匆忙，飛一般從宮外趕往椒房殿。他腳步之快，像是極怕身後會出現一個比他跑得更快之人。

衛子夫正與貼身侍女閒聊，遠遠看見那名常侍繞廊穿柱，直奔自己的殿門而來，立刻站起身來，手撫胸口，像是自言自語地說道：「長平侯此次出征，怕是已經班師回朝了。」她口中雖如此說，心裡卻是十分憂急。每次弟弟出征，捷報未到之時，衛子夫總免不了提心吊膽，很怕弟弟在戰場上有個疏忽不慎，那便有性命之虞了。

她見那常侍疾步走近，能看見他臉上的喜悅時，衛子夫一顆心才放下來。

她知道，弟弟此次出征，又贏得了勝利。

果然，那常侍邁進宮門，雙膝跪下，高聲說道：「恭喜娘娘！賀喜娘娘！長平侯捷報已到長安！」

衛子夫身旁的宮女也一齊彎腰，同時說道：「恭喜娘娘！賀喜娘娘！」

衛子夫臉上充滿笑意，對常侍說道：「平身吧，可知長平侯何日回來？」

那常侍宦官謝恩站起，仍是彎腰說道：「稟報娘娘，長平侯應該過幾日便會回朝。」

衛子夫臉上笑容更深，說道：「長平侯此番出征，又立下哪些功勞？」

常侍宦官臉上充滿得意之色，說道：「啟稟娘娘，奴婢前前後後已打探得清楚，匈奴人真是不自量力，自陛下設郡朔方之後，匈奴的新任單于伊稚斜居然屢次派遣他們的右賢王騷擾朔方，惹得陛下雷霆大怒，命長平侯率三萬精騎出高闕迎敵……」

他還沒有說完，衛子夫微笑打斷道：「這些本宮不是已經知道了嗎？長平侯出征之日，你就來稟報過本宮。」衛子夫一邊來回踱步，一邊說道：「本宮記得，隨長平侯出征的，有游擊將軍蘇建、強弩將軍李沮、騎將軍公孫賀、輕車將軍李蔡，還有陛下重新起用的封護軍都尉公孫敖，另外還派大行李息、岸頭侯張次公為將軍，出右北平配合，是嗎？」

她說到這裡，站住了，眼望常侍。

常侍宦官聽皇后將自己曾經的稟報記得半字不差，說道：「皇后娘娘果然對長平侯時時掛念，奴婢都不記得曾給娘娘稟報過這些，真是該死。」說罷，又再跪下，佯裝請罪。

衛子夫仍是微笑道：「平身吧，跟本宮說說，長平侯是如何得勝的？」

常侍宦官雖有投皇后所好之意，內心卻也由衷對衛青的勝利感到興奮，當下臉上湧起得意之色，說道：「匈奴人以為長平侯從長安到高闕甚遠，根本未加提防，晚上自顧在營中飲酒作樂，他們哪裡想到，長平侯竟神人般從天而降，看著長平侯的千軍萬馬逼到眼前，那個什麼右賢王嚇得連一點反抗的念頭都沒有。奴婢聽說那個右賢王是化裝成一小卒才得以逃脫。長平侯此次的戰績，娘娘能猜得到嗎？」

衛子夫聽到弟弟如此神勇，早已心花怒放，立刻說道：「快說給本宮聽聽！」

按常理來說，一常侍宦官哪敢在皇后面前賣關子？只是他拍馬屁甚久，知道衛子夫性格溫厚，更知道衛子夫最愛如聽戲般去聽弟弟功績，平日揣摩得法，所以才敢對衛子夫說「猜得到嗎」這樣的話。

他當下繼續說道：「回稟娘娘，長平侯的功績真是一次比一次大，就那一夜之間，右賢王手下的十幾個小王被生擒活捉！另有一萬五千名賊兵做了長平侯俘虜，還有，長平侯俘獲的牲畜達上百萬之多。哈哈，有長平侯在，看匈奴還敢不敢犯大漢邊疆！」

衛子夫聽他說完，心中喜悅真是無法按捺，來回走了幾步，說道：「長平侯又建大功，真是我大漢之福。來呀，賜常侍十金！」

常侍聞言，喜不自勝，又接著說道：「奴婢還有一喜訊要上稟娘娘！」

衛子夫聽他還有喜訊，更是高興，說道：「還有什麼喜訊，一併告知本宮！」

常侍繼續哈腰笑道：「聽聞陛下已命人持印前往朔方長平侯之營，要在軍中拜長平侯為大將軍！」

衛子夫聽到這句，更是喜上眉梢。大將軍一職，外握兵權，內掌朝政，可以說是一人之下萬人之上的至高臣位了。衛子夫驚喜得又是搖頭，又是點頭，一時竟激動得說不出話來。

常侍和衛子夫身邊侍女早已同時下跪，齊聲說道：「賀喜娘娘！賀喜大將軍！」

過得數日，衛青班師回朝。

這日午後，衛青按以往常例，拜見身為皇后的姊姊。自封為關內侯之後，武帝便特准衛青可出入宮禁，隨時來見衛子夫。

衛青看見姊姊在殿前等候，不由緊走幾步上來，躬身說道：「臣弟拜見皇后！」

衛子夫微笑道：「聽說弟弟又取大捷，真是說不出的高興。聽說陛下加封弟弟為大將軍，對我衛氏一家，真是恩遇至極了。」

衛青微笑一下，又迅速斂去，輕歎一聲，說道：「陛下對臣弟，實乃為知遇之主。今日回朝，陛下竟然要賜封臣弟三子為侯。臣弟心中不安，前方戰事，實乃眾將士用命一戈一戟拚來的，臣弟三子，都尚在襁褓，如何可以封侯？所以臣弟……婉拒了陛下。」

衛青此言一出，衛子夫也大感意外，想了片刻，說道：「那弟弟可推薦其他將士？」

衛青說道：「臣弟當時便奏，擊破匈奴，乃眾將之功。」

「那陛下如何回答？」衛子夫問道。

衛青臉上重現微笑，說道：「陛下說未忘眾將之功，當朝封公孫敖為合騎侯、韓說為龍頟侯，公孫賀為南窌侯，李蔡為樂安侯，李朔為涉軹侯，趙不虞為隨成侯，公孫戎奴為從平侯，李沮、李息、豆如意三人皆賜爵關內侯。」

衛子夫站起身來，來回走了數步，然後站住，看著衛青，微笑道：「本宮還是勸你接受陛下對三位幼侄的冊封。」

衛青皺眉道：「臣弟三子都在襁褓，無尺寸之功，怎可為侯？右北平太守李廣將軍身經百戰，至今都未封侯。想到此處，臣弟心裡實是不安。」

衛子夫微微笑道：「弟弟所想，本宮知道，可弟弟也需想到另外一事，自古天子，言出如山，從無戲言，今陛下既已下旨，弟弟若還是拒絕，並非好事。唉，姊姊在宮裡，看見的事情可是太多太多了！」說罷，臉上竟然露出一絲淒涼。

衛青心中一震，趕緊站起，說道：「臣弟謹記皇后之言。」

衛子夫又微笑起來，關切地看著衛青，說道：「說起三位幼侄，倒是有件事想問問你。自侯夫人生第三個幼侄時難產而死，弟弟可有續絃之想？」

衛青聽姊姊說到三個孩子的母親，臉色低沉下去，然後抬頭說道：「邊患未除，臣弟還未有此想。」

衛子夫看著衛青，緩緩點頭。奇怪的是，她一邊點頭，一邊笑容卻高深起來。

衛青方自一愣，只聽衛子夫說道：「弟弟未想，可有人已想嫁給弟弟。」說罷，終於笑得更甚，顯是心情又變得大好。

衛青倒是驚訝起來，差點要站起，身子一動，終還是坐著，說道：「哦？是何人？皇后又如何得知？」

衛子夫看著衛青，意味深長地點頭微笑，然後慢慢說道：「此人弟弟從小就認識。」

衛青聞言，愣住了，原本他以為是哪個王侯在姊姊前為女提親。那自然不會相識，此刻聽姊姊說自己居然認識對方，心中詫異萬分。

衛子夫見弟弟神情，終於笑出聲，說道：「好啦，不與你賣關子了，想嫁與弟弟的，便是我們從小認識的平陽公主。」

衛子夫此言一出，衛青再也坐不住了，一下子站了起來，說道：「皇后可是戲言？」

衛青實在想不到衛子夫說出的竟然是平陽公主。且不說平陽公主較自己年長，想當年自己年少之時，便是給平陽公主當騎奴，身份委實天上地下。如今自己身為大將軍，算是青雲直上了，但平陽公主究竟是武帝長姊，她居然會想到要嫁給自己，簡直比自己橫掃龍城之舉還要令人難以置信。

只聽衛子夫仍是微笑答道：「我雖是你姊姊，可也是皇后，如何會出戲言？」

衛青也知道姊姊無論如何也不會將武帝之姊拿來開玩笑，不禁無言以對，「這、這……」，他「這」了半天，無法再說下去。

衛子夫終於斂容說道：「今日上午，平陽公主來椒房殿，親自與我說起此事。公主寡居多年，對我們也有再造之恩，本宮未十分應允，也未十分拒絕，此事非關你我之事，實乃大漢之事，本宮今晚去請陛下的旨意，弟弟明日便可見分曉了。」

衛青聞言，不由苦笑，說道：「平陽公主若嫁當日騎奴，豈不怕天下人恥笑？」

衛子夫倒是平靜，答道：「弟弟不可如此想，如今弟弟貴為大將軍，群臣無二，公主若有此一想，本宮倒不覺意外。」

衛青覺此事實在不可思議，不知該說什麼，茫無頭緒地想了半天，終於起身，先行告退了。

翌日早朝，衛青與群臣入宮面聖。

衛青一直暗瞥武帝神色，只聽武帝揮手對殿前宦官說道：「傳朕旨意。」

那宦官答應一聲「諾」，然後轉身面對群臣，將手中詔令打開，高聲說道：「陛下有旨！」

大殿寂靜，只聽那宦官高聲念道：「賜封大將軍衛青長子衛伉為宜春侯，次子衛不疑為陰安侯，三子衛登為發乾侯。」群臣昨日便聽到武帝要封衛青三子為侯，雖為衛青婉拒，今日仍又詔令賜封，也不覺意外。衛青出班謝恩。抬頭時見武帝對自己微笑，不覺心中異樣。

果然又聽那宦官說道：「陛下第二道詔令。」群臣這次倒是俱各訝然，不知武帝這道詔令會是什麼。

待那宦官一字字讀完，跪在地上的文武群臣無不驚訝。這第二道詔令竟然是武帝直接下令，命衛青娶自己寡居數年的長姊平陽公主為妻。群臣在詫異之後，無不瞬間想到，如今衛青之姊衛子夫乃當朝皇后，衛青本人榮為大將軍，如今再娶武帝之姊為妻，便是與武帝親上加親，豈不權勢更重？待武帝退朝之後，人人俱向衛青道賀。衛青雖有準備，仍是有措手不及之感，但帝命不可違，他也只能微笑，與群臣拱手，接受祝賀了。

新婚之夜，衛青喝得大醉，醺醺然進入洞房。平陽公主戴著鳳冠，坐在床沿等候。衛青進來看見平陽公主，心中的怪異之感總是難消。

燭光掩映下，衛青吃了一驚，他記憶中的平陽公主花容月貌，自己那時雖少不更事，卻從不敢直視主人。如今竟與她洞房相對，總覺得不可思議。又覺多年過去，公主怕已是年老色衰。不料撥簾一見，時光似乎從未從公主身上流逝，竟如當年一般容貌，頓時酒醒。

平陽公主畢竟不是初嫁，見衛青凝視自己，仰頭輕笑，說道：「夫君可還記得我？」衛青見平陽公主從容如常，一直盤踞自己內心的尷尬不覺煙消雲散，說道：「公主往日之恩，衛青日日記得。」

平陽公主站起來，微笑說道：「日日記得？這可不是真的。不過，我倒是日日都聽到夫君的消息。為我大漢江山和天下臣民，夫君屢戰沙場，居功至偉。我在宮內聽聞，卻是真的日日仰慕。」

衛青聽公主說出這番話，便覺是知己之言，不禁暗歎，自己與這位昔日的主人，真有冥冥中的緣份。

剽姚出征

在所有崇拜衛青的人中，外甥霍去病是最突出的一個。自從衛青鄭重答應其成年後帶他出征開始，他日日苦練，盼著那一天的到來。

一日，霍去病正在演兵場練習弓箭，只見他縱馬三圈，在弦上同時搭上三箭，馬如風，箭已出，空中「嗖嗖」幾聲，三隻大雁竟然差不多同時從空中掉落。霍去病三箭射中三隻雁頸，旁邊圍觀的軍士同時喝彩。

「哈哈哈，好箭法！」眾軍士的喝彩聲方落，又聽見一洪亮的聲音從軍士後面傳來。霍去病扭頭一看，立刻下馬，場上所有軍士不由齊齊下跪。

只見武帝帶著幾名近侍走過來。

霍去病趕緊跑到武帝面前跪下。武帝臉上微笑，說道：「朕聽聞大將軍外甥在此，弓馬嫻熟、武藝出眾，朕今日無事過來看看，果然名不虛傳！」

「謝陛下！」霍去病也不謙虛。

武帝心情極好，見霍去病滿臉英氣，著實喜愛，說道：「朕身邊正好缺一侍中，你可願隨朕？」

霍去病大喜，謝恩道：「臣願往！」於是從這日開始，霍去病成為武帝侍中。

出入宮廷，與聞朝政。衛青也是心中大喜，沒料到這個十餘歲的外甥竟然有此際遇，能被武帝如此賞識。

對衛青來說，更想不到的是，當元朔六年（前一二三年）四月，強悍的匈奴再次犯境。他在朝中剛剛受命出征時，武帝輕描淡寫地補充了一句：「大將軍上次出兵，斬首匈奴數千，得勝回朝，今日又要出兵征討，朕看此次，大將軍可帶上去病同往。」

武帝在朝廷之上，絕少直接稱臣子名字，此刻將霍去病罕見地稱為「去病」，足見對其喜愛非凡。

衛青有點訝然，微微一愣，又聽武帝繼續說道：「朕已知道，大將軍曾答應去病，待他成年時，便隨軍征伐匈奴。去病上月剛過十七，正是到大將軍踐諾之時了。」

衛青萬沒料到武帝會有此決定，不過他也知道，自己外甥年紀雖少，卻已弓馬嫻熟，的確可以隨軍出征了，當即躬身說道：「臣遵旨！」

武帝聲音始終不疾不徐，說道：「朕命霍去病為剽姚校尉，領八百輕騎，從大將軍令！」

年少的霍去病以清脆的聲音出班答道：「臣遵旨！」

從定襄（今內蒙古呼和浩特）出兵之後，首次出征的霍去病不由得意氣風發。他本為後隊，竟然縱馬揚戈，帶著撥給他的八百輕騎策馬突進，從連綿不絕的數十萬大軍後面旋風般衝上前去。旁邊扣轡而行的騎兵和步兵都不由又羨慕又驚訝地看著這八百騎絕塵而去。在大隊旁邊的右將軍蘇建見霍去病縱馬遠去後，不由微笑對此次任中將軍的公孫敖笑道：「看剽姚校尉的身姿，真是太像以前的大將軍了！」

公孫敖也感慨一聲，說道：「不知怎麼，我忽然覺得自己已經老了。」

「哈哈，」蘇建笑了一聲，「大將軍尚未言老，你我可不能言老啊。」

衛青在前軍帶隊，聽得身後馬蹄急促，回頭去看，見霍去病帶著八百輕騎閃電般過來，當下橫馬出陣，等候霍去病。

霍去病轉眼便到衛青馬前。他勒住韁繩，抬手向後一揚，他身後的八百騎也同時勒馬，馬蹄聲聲踏地，飛濺起一片塵沙。

衛青凝視眼前外甥，後者臉上躍躍欲試的神情一覽無餘。衛青笑道：「你本在後隊，怎麼到前隊來了？」

霍去病長戈橫在雙肘，抱拳說道：「大將軍，末將想請令先行五百里，自覓戰機！」

說罷，兩眼炯炯發光地望著舅舅。

衛青心中一動，不禁想起自己在元光六年（前一二九年）的首次出征。那次他依靠大膽出擊，得以橫掃龍城。如今外甥前來請命，一股英姿勃勃的銳氣已撲面而來，再看霍去病身後八百輕騎，無一不是精銳。

衛青稍一沉吟，說道：「此次出征，軍中有中將軍公孫敖、左將軍公孫賀、右將軍蘇建、前將軍趙信、後將軍李廣、強弩將軍李沮，你需要哪位將軍隨你同往？」

霍去病轉頭看看自己身後的赳赳輕騎，慨然說道：「末將無須任何將軍同往，只帶這八百部下！請大將軍首肯！」

衛青暗吃一驚，覺得外甥的此舉實在大膽，但不知怎的，當他看著霍去病充滿自信的雙眼之時，也似乎看見了自己當年的模樣，心中一動，緩緩點頭，只說一句：「戰事凶險，多加注意！」

霍去病朗聲一笑，說道：「請大將軍放心！末將若不立功，絕不回兵！」手中長劍一舉，大喊一聲：「跟我來！」手上韁繩一提，雙腿夾馬，那馬撒開四蹄，再次狂奔，他身後八百騎也同時策馬隨霍去病絕塵而去。

衛青勒住馬，看著霍去病的隊伍漸漸在視野中縮小，而馬蹄濺起的塵沙還沒有消散。前將軍趙信此時策馬過來，說道：「大將軍，剽姚校尉年輕，人馬又少，末將擔心會出危險。」衛青凝視那團遠去的塵沙，又抬頭看向無比高遠、無比蒼涼的北方天空，慢慢說道：「是年輕人建功立業的時候了！」

旬日之後，在中軍大帳裡，衛青披衣秉筆，在燭下伏案而書：「臣稟陛下，剽姚校尉霍去病深入敵腹，兩次覓得戰機，以八百之騎，殺敵二千二十八人，中有匈奴相國和當戶，斬單于大父行籍若侯產，擒單于叔父羅姑比。」

寫到這裡，衛青不由抬頭，筆尖離開竹簡，神色根本不像贏得了一場大勝，而是憂慮深沉，眉頭微皺。

傍晚在營中發生的一幕又不覺湧現眼前。

他當時在中軍帳等待戰報，眼見派出的眾將陸續回營，各自獻上斬首的匈奴人頭，其中上谷太守郝賢帶回的首級竟有兩千多顆。統計之下，各路漢軍一共斬敵過萬。衛青心中喜悅，遂一命軍吏記上戰功簿。眼見到了日落時分，趙信、蘇建及霍去病兩路仍未回營。漢軍此時所在，是匈奴境內數百里之腹地。衛青得勝雖多，仍是擔心三人遇上大敵，正欲派郝賢出去接應，陡聽得營外一陣喧譁，立刻出帳去看。

只見蘇建滿身血跡，披頭散髮，騎著傷馬入營。營內將士驚訝萬分，大將軍不是命他和前將軍趙信合軍三千餘騎嗎？怎麼他一個人重傷而回了？

衛青情知不妙，立刻迎上。

蘇建一見衛青，立刻跪下失聲哭道：「大將軍！末將中了匈奴人的埋伏，全軍將士慘遭覆滅！」

衛青一驚，抬頭見營外再也無人跟進，立刻問道：「前將軍趙信何在？」

蘇建咬牙說道：「稟大將軍，我與趙信率三千騎前行，不慎落入伊稚斜的包圍，末將交戰一日，終於寡不敵眾，那趙信竟然帶著剩餘的八百騎投降匈奴了。末將獨身而回，懇請大將軍治罪！」說罷又忍不住垂淚。

衛青聽得蘇建全軍覆沒，趙信竟然投降了匈奴，不由臉色大變，喝道：「那趙信果真投降匈奴了？」

蘇建哀聲說道：「那趙信原本就是從匈奴投降過來的，他見全軍將覆，便率殘部投降了。」

衛青不由虎目圓睜，緩緩搖頭，又厲聲喝道：「三千精騎，就只剩你一人回來？」

蘇建伏地說道：「末將請大將軍治罪。」

衛青抬頭一望，見軍中長史、軍正與議郎都在，衛青抑住內心悲憤，看著三人問道：「右將軍蘇建全軍覆沒，該治何罪？」衛青其實哪能不知，喪師當斬乃大漢律法，自己首次出征時，公孫敖和李廣便險些因此梟首。

議郎周霸本與蘇建不和，當下率先說道：「末將聽聞，自大將軍出征以來，從未殺過副將，如今蘇建覆軍而回，末將以為當斬，以示大將軍之威！」

衛青不由一愣，隨即看向另外二人，後二人同聲說：「萬萬不可！大將軍熟讀兵書，自然知道『小敵之堅，大敵之擒也』。蘇將軍以幾千之人，對數萬之敵，奮戰一天，將士皆亡，不僅沒有背國投敵，還歸來請罪。如果今天斬了右將軍，那豈不是告訴所有將士，今後若是失敗，回來便是一死，大漢軍士，豈不會遇敗則降？請大將軍三思。」

周霸聽二人說完，剛剛冷笑一半，還來不及再說什麼，就見衛青抬眼看向自己，目光冷峻，不由得將要說的話嚥了下去。

衛青沉默半晌，緩緩說道：「周議郎所言，確實差矣！試想我上奉天子之令，下以肺腑待人，何患無威？衛青腰間刀刃，是為斬匈奴，不是為斬下屬！再者，為人臣者，豈能因受陛下信任便在外擅自專權？我部屬縱是犯下死罪，也該由天子定奪。」

周霸臉露慚愧，低下頭去。

衛青猛喝一聲：「來人，把右將軍蘇建暫且收監，明日押往長安！」

蘇建仍是伏在地上，他知道衛青不斬自己，實乃留自己活命，不禁熱淚滾滾，說道：「末將拜謝大將軍！」

恰在此時，霍去病手提匈奴大父行籍若侯產的人頭歸營報功，他部下押解匈奴相國、當戶，以及單于叔父羅姑比進來，大漢軍營才又被一陣鼓舞人心的歡呼聲淹沒。

衛青想畢，終於一聲長歎，「罷了！」再次動筆，將自己即刻派人押解蘇建前往長安的決定寫下。

衛青班師回朝時，不覺心情鬱鬱。

對朝廷來說，衛青此次出征，仍是一次巨大的勝利。

武帝知衛青將蘇建押往長安，實欲留其活命。他更知道，如今難以止息的漢匈之戰，離不開衛青指揮。蘇建被押回長安後按律當斬，後以金贖死，貶為庶人。

衛青此次出征斬首萬人、覆沒三千，雖然功大於過，但畢竟損失兩員將軍，尤其趙信投降，對大漢今後的戰略極為不利。這是衛青率軍以來，從未有過的恥辱。武帝不與加封，只賜千金為賞。

最令朝廷震驚，也令武帝大悅的是霍去病此役一鳴驚人，以區區八百騎，深入匈奴腹地，被其斬首生擒的都是匈奴核心人物。武帝端坐朝堂之上，朗聲說道：「剽姚校尉親斬匈奴大父行藉若侯產，擒匈奴相國、當戶及單于叔父，實乃勇冠三軍，朕特賜封剽姚校尉為冠軍侯！」

武帝此言一出，群臣都驚訝得張大了嘴。自有侯位以來，「冠軍侯」三字，自古皆無。此刻它從武帝唇間清晰地吐出，足見武帝心中，「冠軍侯」是何等份量。

衛青在殿下聽罷，不禁虎目含淚，暗想這個外甥的確沒辜負自己的一番心血，大漢和匈奴的對抗，終於後繼有人了。

門庭漸冷

趙信敗降匈奴，令伊稚斜單于大喜過望，當即封趙信為自次王，同時將自己的姊姊嫁給趙信。

趙信原本就是匈奴人，歸降之舉，對他而言算是回到了久違的故國。在漢為侯，降匈為王，自是不可同日而語，趙信死心塌地，給伊稚斜單于進言獻策。他在伊稚斜單于桌上攤開投降時所攜的軍事地圖，指出，目前漢軍強盛，衛青又當盛年，匈奴連吃敗仗、士氣低落，已在心理上覺得不是衛青對手。不如暫時退往漠北，兵不入塞，只尋機將漢軍誘入腹地即可。漢軍遠來，必然疲憊，到時組織一次令對方措手不及的突襲，必獲全勝。伊稚斜單于採納了趙信之言，果然退回漠北，不再侵擾漢境。

然而，趙信雖為大漢翕侯，但還是看不到、也理解不到帝國深處的窘境。武帝連續七年，年年用兵，龐大的軍費開支已掏空了國庫，現在到了苦苦支撐的階段。為擴大財政收入，朝廷竟下令，允許吏民以錢買官，濫觴於後世的賣官鬻爵之弊由此開始。不過，得知匈奴兵回漠北，武帝終於可以喘口氣來休養生息了。

漢匈之間，出現了暫時的和平。

身為一代雄主，武帝自然不會因為匈奴的暫時息戰而鬆弛警戒。震動海內的霍去病首戰如衛青的首戰一樣，給了他極深的印象。

武帝不會像普通臣民一樣，只關注霍去病的威風八面。他反覆思考著霍去病與衛青的區別。霍去病的戰術，似乎打開了軍事領域一扇嶄新的大門，他做到了「以少勝多」和「長途奔襲」。

不過，是不是運氣呢？

武帝沉思良久，慢慢搖頭。是的，運氣與否，需要再一次證明。現在匈奴退往漠北，整個國家可以騰出手來，一邊休養生息，一邊再訓軍隊。伊稚斜不再犯境，以為朕就看不出你的意圖？好！你騰出了空間，朕就主動來佔據你的空間！速度對於進攻方的價值，你不明白，可朕已經懂得。這麼多年了，朕從未主動出擊過一次，現在主動權已由朕掌握！被人狩獵的滋味，該輪到你來嘗一嘗了。

武帝常常去郊外狩獵，喜獲一隻白麒麟。眾人都說這是祥瑞。於是武帝再度改元為「元狩」。這一年，適逢皇長子七歲，武帝陷入沉思：朕七歲被立為太子，朕就在元狩元年也立七歲的據兒為太子。朕要他記住，大漢江山，永遠不可再做他人獵物！

轉眼到了元狩二年（前一二一年）春天，此時太子已立，國庫也漸漸充盈起來，國勢更為強盛。遠在漠北的匈奴始終沒半分動靜。武帝當然知道，在自己休養生息的表面之下，仍練兵不止，難道匈奴人會在漠北牧馬放羊？

當然不會！匈奴是把插在鞘裡的利刃，遲早會拔出。先發制人，後發制於人。如今兵強馬壯的漢帝國不允許被動應戰的局面再次出現。

到自己出手的時候了。

軍士與後勤物資的調動，全部有條不紊地完成。

擇定出兵的日子也愈來愈近了，士氣一日比一日旺盛的漢軍忽然被一個消息震動——大將軍衛青又一次病倒了。

節骨眼上，全軍統帥病倒，無異於自己的要害被狠擊了一拳。

衛青躺在床上，平陽公主親自熬藥。

病來如山倒，衛青連從床頭坐起的力氣也沒有。面對大漢真正意義上的第一次主動出擊，衛青仰天長歎：「老天怎如此待我！」

平陽公主在床前侍候，嘴上安慰，眼中垂淚，武帝派遣的宮中御醫也束手無策。

衛青這一次發病，比數年前那次更猛。

武帝聽到御醫回報的消息，眉頭微皺。軍事不可更改。調兵遣將的消息難免被匈奴發覺，若再來一次被動出擊，武帝無法忍受。他眉頭皺過之後，迅速下旨，此次出征，命年僅二十歲的霍去病為全軍之首，兵出隴西。

在武帝心裡，衛青不能出征自然惋惜，但他更想看看霍去病的戰術是否比衛青更為有效。他相信，霍去病會給他想要的結果。

漢軍出發之後，長安多日春雨連綿。衛青夜夜躺在床上，難以合眼，等候天明。衛青與武帝不同，他是為開疆拓土而生的軍人，他要度過的，是征戰沙場的一生。如今國家用人之際，他卻纏綿病榻，現在唯一翹望的，便是外甥出征帶回的消息。

等待的日子總是顯得無比漫長。但他並沒有等待多久，僅僅十日，消息便來──霍去病取得大捷。

霍去病出隴西之後，短短六日，便以雷霆電閃般的速度，橫越有「甘涼咽喉」之稱的焉支山脈，千里奔襲，與猝不及防的匈奴短兵相接。霍去病一馬當先，殺折蘭王，斬盧胡王，匈奴二王全軍覆沒；緊接著，萬騎漢軍馬不停蹄，隨霍去病迎戰匈奴渾邪王與休屠王。僅僅一仗，渾邪王王子、相國及都尉俱成漢軍俘虜。霍去病縱橫疆場，率軍砍下八千多顆匈奴首級，連休屠王用來祭天的金人也成為漢軍順手撿起的一件戰利品。

長戈指天的霍去病笑傲還朝。

衛青激動得難以抑制，喃喃地對妻子說道：「有去病在，大漢江山終將穩固了！」

平陽公主凝視著丈夫，柔聲說道：「夫君好生養病，大漢江山，也少不了夫君。」

衛青勉力一笑，聲音嘶啞地說道：「這場大病，迄今無好轉之象，我怕是趕不上下一仗了。」

衛青已經料到，霍去病此仗沸騰海內，武帝絕不會就此罷手。

果然，休整兩月，春去夏來，武帝增強軍力，一萬變數萬，頒旨命霍去病與公孫敖為第二番出征主將。另外令從西域歸來、封為博望侯的張騫和郎中令李廣兵出右北平，兩路出擊，夾攻匈奴。

這一次，霍去病將他的長途奔襲發揮得淋漓盡致。按原計畫，霍去病所部應在深入匈奴兩千里後與公孫敖會合。公孫敖卻在行軍中迷失路徑，無法與霍去病取得聯繫。霍去病不再等候，率部下騎勇馬踏狂風、長驅直入，以難以置信的速度越過居延澤（今內蒙古自治區阿拉善盟額濟納旗），再過小月氏（今甘肅及青海一帶），第一次將漢軍人馬帶到了終年積雪的祁連山下。

手忙腳亂的匈奴倉促迎戰。

此刻的霍去病以氣吞山河之勢，持劍踏陣，在萬軍叢中任意縱橫，率部斬落三萬二百餘顆匈奴首級，縛單于單桓、酋涂王及相國、都尉等兩千五百多人，聲震祁連。漢匈交戰以來，霍去病此戰是最為驚天動地的神威一戰。

而衛青也聽到了傳到長安的匈奴人的悲歌：

亡我祁連山，使我六畜不蕃息！

失我焉支山，使我婦女無顏色！

那一日，衛青聽著妻子不自覺哼唱著端藥進屋，有些奇怪，問道：「夫人，你唱的是什麼？」

平陽公主無意間哼唱，見丈夫問起，才意識到自己在唱，趕緊走到衛青床邊坐下，仔細凝視著丈夫，說道：「夫君，今天看你氣色好多了。」

衛青的確在慢慢好轉，低頭將湯藥喝完，把剛才的問題又問了一遍。

平陽公主笑道：「這是從匈奴傳來的歌，唱的是去病如何讓他們悲傷。」

衛青微笑了一下，說道：「匈奴被去病連續擊敗，怕是沒什麼還手之力了。來，我今天想到後院走走。」

平陽公主見丈夫日益好轉，心中安慰，趕緊伸手將他扶起。衛青好久沒下床了，覺得周身仍是無力，不過，此刻的無力不是因為病重，而是因為久臥所致。

夫妻二人走到後院。這裡曾是霍去病的練武場。那些千斤石還在、兵器架還在、弓箭還在、駿馬還在。院內樹上蟬聲悠揚，顯得更為寂靜。衛青左右看看，輕聲歎息，說道：「太久沒有碰這些了。」說罷，彎腰從兵器架上取下弓箭，試著扣弦，竟雙臂無力，弓只拉得半滿，再也無力拉圓。

平陽公主輕聲說道：「夫君病體初癒，暫且不要去動這些。」

衛青還沒有回答，內屋走過來一個下人，通稟公孫敖前來求見。

衛青心中一喜，趕緊命那下人將公孫敖帶至後院。

平陽公主將衛青攙扶坐下，進房迴避。

過得片刻，公孫敖大步走來。

衛青見公孫敖一身粗布衣服，不由微愣。

公孫敖走到衛青面前，拱手說道：「大將軍身體可好？」

衛青將公孫敖上下看了幾眼，說道：「坐下說話。合騎侯為何如此打扮？」

公孫敖依言坐下，苦笑道：「什麼合騎侯？我與去病率軍出征，因道路迷失，未能與他合軍。回朝後天子又要將我按律問斬，幸好這幾年被賞賜的戰利品頗多，折成萬金，今日贖命出牢。公孫敖如今又成庶人了。」

衛青聞言，詫異萬分，然後歎息道：「起落無常，命也，等日後的再起之機吧。」

公孫敖憤憤不平，終於惱聲說道：「大將軍，想我在宮中數十年，得意之時，誰都來巴結，如今失意，數日間沒一人去牢中見我。我今日出來，想只有大將軍還會認我，就來拜見大將軍。這長安，我是真不想再留了。」

衛青微歎道：「也不要如此悲觀，朝中之人，並非人人如此。」

「我看就是人人如此。」公孫敖臉上不平之色更甚，說道：「就看你這大將軍府，當初日日賓客盈門，如今還有幾人過來？去病現得天子恩寵，朝中大臣，個個都往冠軍侯那裡歌功頌德。我不是說去病怎樣，是這朝中趨炎附勢的小人太多，著實令人鄙夷。」

衛青看看空闊院內，微微笑道：「物極必反，居高便危，衛青倒情願如此。」

決戰漠北

花開花謝，彈指又是兩年。衛青身體早已痊癒。兩年裡漢匈都各自休養。衛青畢竟是掌管天下兵馬的大將軍，霍去病鋒頭一時雖健，還是比不了衛青歷年所累威望。在武帝眼裡，衛青是帥才與重臣；在霍去病眼裡，舅舅始終是自己心目中仰視的英雄。舅甥二人，已不知不覺，生出惺惺相惜之感。

霍去病一年兩次大捷，始終未能與伊稚斜單于直接交鋒。伊稚斜單于則對屢敗於霍去病的渾邪王與休屠王震怒不已，欲將二人問斬，反而迫使渾邪王殺休屠王後投降漢朝。懾於漢軍軍威，匈奴三十二王先後降漢，從金城河西開始，南山至鹽澤，幾乎再無邊患。伊稚斜單于如何能嚥下這口怨氣？他以趙信之謀又開始騷擾邊境，企圖將漢軍誘入腹地。

冷眼旁觀匈奴謀劃的武帝斷然再次發兵，命衛青出定襄、霍去病出代郡，各帶五萬騎兵，分兩路主動攻擊。

武帝記得，衛青曾對他說過，有十萬鐵騎，便可絕匈奴之患。

今天，大漢帝國終於擁有了十餘萬騎兵。他看向兩位主將，在他們的目光中，看到了相同的豪情與決心。

霍去病兩年未出征，早迫不及待，他手下只有李廣之子李敢作為裨將。二人從代郡、右北平出塞之後，霍去病劍指北方，率部如狂風般長驅兩千里，橫越伊稚斜單于以為漢軍不可能越過的大沙漠，與伊稚斜單于近臣章渠劈面相遇。

章渠無法想像漢軍會在眼前突然出現，慌亂間被霍去病生擒活捉，霍去病片刻不歇，繼續自己閃電般的攻擊，誅殺企圖挽回頹勢的匈奴小王比車耆，直接踏入匈奴左賢王擺開的強大陣勢。

霍去病揮戈縱馬，於萬人中取敵首級。大有父風的李敢也斬將奪旗。漢軍愈戰愈勇，擊潰左賢王之後，再翻離侯山，渡弓閭河，連戰連捷，生擒屯頭王和韓王等三人，以及將軍、相國、當戶、都尉等八十三人，斬殺和俘虜的匈奴軍士竟達前所未有的七萬零四百四十三名。

硝煙終於散盡，血色黃昏籠罩著無邊無際的大漠。霍去病回望囚車裡曾經不可一世，如今垂頭喪氣的匈奴王侯，再看看身後血染征袍的將士，手指著遠方一條山脈，說道：「今日我大漢天威到此，我要在此祭天封山！」說罷，霍去病提韁縱馬，率眾奔向那條被稱作狼居胥山的山脈，隆重祭告天神，又在另一條叫作姑衍山的地方鄭重祭地。

拜祭封山完畢，霍去病獨自登上高山，遠望夜色開始變濃的無盡長空與沙漠。獨立山頭的霍去病傲然環顧，他不會想到，從這一天開始，因他而生的「封狼居胥」四字，成為後世每一位軍人的至高夢想。

此一役，匈奴不敢窺陰山；此一役，霍去病青史留名！

出定襄的衛青不像霍去病那樣信奉長途奔襲。他已從一匈奴俘虜口中得知，在其前方嚴陣以待的，正是匈奴伊稚斜單于本人。在伊稚斜單于眼裡，霍去病固然勇猛，畢竟是後起之秀。堪稱一代帥才的衛青才是他畢生想要驅散的噩夢。

伊稚斜單于精兵盡出，要與衛青一決雌雄。

與霍去病一往無前的奔襲不同，衛青知道自己面對的是匈奴精銳，必須穩中取勝。在其手下，有郎中令李廣任前將軍，太僕公孫賀任左將軍，主爵都尉趙食其任右將軍，平陽侯曹襄任後將軍，另外還有失侯位再次隨軍的校尉公孫敖等人。

排兵佈陣之前，李廣親自到衛青帳前請命，想以前將軍身份充當先鋒，與單于決一死戰。衛青斷然拒絕了李廣的要求，只命李廣和趙食其合軍，出東道進行迂迴。

李廣按捺不住，勃然大怒，對衛青喊道：「我從十幾歲就開始與匈奴交手，自信對其瞭如指掌，難道以我數十年的資歷，沒資格做先鋒嗎？」

衛青冷冷看著對方，只慢慢說了一句：「將軍年歲已高，衛青尊敬你的資歷，可在軍中，你必須服從我的命令！」

李廣只覺怒氣填胸，憤慨地退出軍帳。

衛青親自領軍，出定襄後未遇到任何匈奴部隊。霍去病長驅直入的消息時時傳來。衛青也不由加快了行軍速度。終於，在出塞千里之後，與伊稚斜單于軍隊迎面相逢。

其時，大漠陡然陰霾滾滾，一陣接一陣的狂風似乎預示了一場惡戰的來臨。

伊稚斜單于陳兵向南，他手下一字排開的精銳等待已久。軍中的殺氣猶如飽含閃電的烏雲，在沙漠上沉沉移動。

衛青前軍看到濃烈的殺氣撲面而來。狂風激起的沙塵轉眼間變成猛烈的飛沙走石。沙石迅速遮蔽了最後的日光，只有地平線上的殘陽如血。

衛青一聲令下，首次出現在戰場的武剛車環環相扣，結成營地。隨後從營門中，五千大漢軍騎踏沙而出，朝伊稚斜單于的陣營衝去。伊稚斜單于手中令旗揮動，蓄勢已久的萬騎匈奴同聲吶喊，前來接戰。

五千對一萬，漢軍弱勢明顯，但就在雙方各自撲向對方之時，大漠上狂風陡然加劇，滾滾黑雲壓地，茫茫大漠，四面八方無處不是狂沙，擊打在雙方騎兵的臉上，竟使得雙方都無法看清楚敵人究竟在何處。

後方壓陣的衛青見此情形，果斷下令，命兩路大軍一左一右，展開為翼，如鷹鷲般向單于包圍而去。此刻的伊稚斜單于眼見前方一片混亂，只聽見驚天動地的喊殺之聲，看不見自己的騎兵究竟處在一個什麼樣的境地。傍晚，伊稚斜單于看到了陡然襲來的洶湧漢騎。他知道自己瞬間便會被漢軍合圍，不禁心膽俱裂。

「伊稚斜下馬受降！」震耳欲聾的喊聲掩蓋了沙漠狂風。伊稚斜單于再也無心戀戰，催動六匹騾子拉動的指揮車，急速奔逃，他身邊的幾百護駕鐵騎也緊急掉頭，衝開漢軍形成的包圍圈，往西北方向落荒而逃。

整整一夜，狂風不息，衛青沒有料到，雙方勝負未分之際，匈奴單于竟會遁逃。待他發現時，立刻親自率隊，追擊伊稚斜單于。在戰場上的匈奴兵聽得伊稚斜單于已經逃走，哪裡還有鬥志？紛紛潰散。衛青馬不停蹄地追趕了一夜，終究沒有追上伊稚斜單于。

當他率輕騎越過寘顏山後，眼前出現了一座匈奴城池。早有人前來報告，該城池竟然是以降將趙信命名的趙信城。此刻漢軍士氣如虹，無可阻擋，趙信城轉眼便被拿下。

衛青統計戰果，此戰得匈奴首級萬餘；趙信城堆積如山的軍糧，也盡為衛青所得。

按衛青所料，逃走的伊稚斜單于必然撞上自己事先安排的李廣和趙食其的部隊。插翅難飛的伊稚斜單于必成李廣和趙食其的甕中之鱉。不料，當衛青得勝回轉，南下再次越過沙漠之後，竟發現李廣和趙食其居然還在沙漠之南，既沒有參與和匈奴的交戰，更談不上追獲伊稚斜單于。

平素極少發怒的衛青終於忍耐不住。對他來說，這是與伊稚斜單于的直接交鋒，如果李廣、趙食其按自己軍令行事，必然或俘或斬伊稚斜單于於萬軍之中。衛青即刻派出長史，去李廣、趙食其軍中問責。李廣、趙食其未能按衛青軍令及時迂迴，情知要做論罪處置。

趙食其不敢抗議。李廣本來就不想接受東行之令。他們未及時趕到，是因為在迂迴中迷失道路。面對長史責問，李廣又羞又氣，半天說不出一句話。

延誤軍期，論罪非小。李廣心中壓抑，再也控制不住憤怒，對長史說道：「本將手下的校尉個個無罪，是我失道誤期，我一個人擔罪便是！」

李廣走出營帳，他手下的將士也知李廣此次將是重罪加身——兩年前的公孫敖不也是因為迷失道路，未能與霍去病會師而被判死罪嗎？

漠風吹起，天地蒼涼。李廣看著面前個個面有不甘與無奈的將士，忍不住英雄淚湧出眼眶。眼前的沙漠和沙漠深處的匈奴是他畢生渴望征服的對手。如今不僅眼睜睜失去機會，還將蒙受論罪的屈辱。

李廣站於帳前，手按佩刀，悲聲說道：「李廣自束髮之年開始戎馬征戰，至今與匈奴大小七十餘戰，從來有進無退。今日隨大將軍出征，原本欲破匈奴、擒單于，與帳中諸將立不世之功。可大將軍拒我先鋒之請，轉令東行，不料迷失道路，痛失戰機，豈非天意哉！」

將士們聽李廣聲含悲壯，無不動容。只聽他繼續說道：「李廣今年已過六十，怎可向一後生小輩乞憐求生？罷了！今日便是李廣的死期！」說罷，就見李廣拔出腰間佩刀，眾將士只覺眼前寒光一閃，那刀刃已朝李廣頸上抹去。

眾人驚呼聲中，李廣喉部鮮血噴湧，立時倒斃於地。

一代名將，竟如此隕落，怎能不令人痛惜！「將軍！將軍！」震天的呼喊聲李廣再也聽不到了，所有將士不禁伏地大哭。

陡然間塵沙蔽日，大漠狂風又猛烈地陣陣吹過。

「嘩啦」一聲，得知消息的衛青將手中酒灑地為祭之後，又一把將酒杯擲地，抬頭仰天，悲聲喊道：「飛將軍啊，你何必如此！」

話音未落，衛青已淚下如雨。

亢龍有悔

武帝元狩四年（前一一九年）的這一戰，實乃武帝志在一勞永逸、剿覆匈奴的傾國之戰。衛青、霍去病雙馬齊出，橫掃匈奴近九萬精銳。此戰之後，「匈奴遠遁，漠南無王庭」的局面終致形成。河朔以西，盡為漢地。匈奴一蹶不振，武帝志得意滿，大賞立功之人。
光芒四射的霍去病益封五千八百戶，裨將李敢也終於實現父願，被賜爵關內侯。然而李廣之死，終究為這場勝利抹上了揮之不去的悲色。早在漢文帝時期，親眼見過李廣武功的文帝就歎息道：「可惜你生不逢時，若在高祖平天下之時出現，封個萬戶侯，易如探囊取物。」
文帝一語成讖。歷經三朝的李廣始終未能封侯，也許，這就是人人無可抗拒的命數使然。
武帝封賞完霍去病及其部下，轉向衛青，臉色頗為冷淡。衛青雖取得勝利，然而戰果不僅遠遜霍去病，還眼睜睜讓伊稚斜單于溜走。功過相抵，不予封賞，連同衛青所帶部屬，沒有一個因此戰而晉爵封侯，未能匯合衛青的趙食其罪該斬首，交納贖金後被貶為庶人。
公孫敖憤憤不平，隨同衛青回府後便說道：「天子大量封賞冠軍侯，大將軍這裡卻無半分賞賜，實在太不公平！」

衛青命公孫敖坐下，凝視著他說道：「今日朝上，陛下與冠軍侯的對話你聽清楚了嗎？」

公孫敖一愣，說道：「什麼話？不就是益封五千八百戶嗎？還有什麼？」

衛青臉上微笑，站起來，背手踱步，說道：「天子要給去病賞賜侯府，去病的回答是『匈奴未滅，何以家為』。當今天下，誰還有冠軍侯如此氣概！」衛青凝望窗外，出神片刻，才轉身對公孫敖說道：「我雖是他舅舅，也是由衷欽服。大漢有去病這樣的人，江山才可永固無虞啊。個人得失，又算得了什麼？更何況，此次出征，去病一路，勝得酣暢淋漓，我這一路，實在憾事良多，尤其李廣將軍自刎而死，令人思之悲痛，唉！」

公孫敖默然無語。

衛青歎息李廣之死，不料李廣之子李敢對他心懷怨憤，某日終於按捺不住，先喝得七八分醉了，以酒壯膽，直接衝進衛青的大將軍府。

衛青見李敢臉色不善，只淡淡地問李敢前來何事？李敢怒聲說道：「我父親戎馬一生，為大漢立下如許功勞，你為何要逼死我父？」

衛青眉頭一皺，說道：「關內侯喝醉了吧？豈不知國有國法，軍有軍規，我素來敬服你父，如何會去逼他？」

李敢眼中滾下熱淚，狂呼道：「若你不逼他，我父怎麼會自殺？」說罷，李敢幾乎忘記了面前的衛青是大將軍，順手拿起桌上的一隻酒杯，狠狠擲向衛青。從未有部屬敢對自己不敬的衛青始料不及，偏頭想避，因距離實在太近，那酒杯重重砸在衛青額頭，頓時血流如注。

衛青伸手抹去血跡，冷冷望著李敢。

李敢陡然間清醒過來，如此犯上，必是死罪無疑。李敢也被自己的行為驚住了。衛青的親信軍士從震驚中醒過神來，立時衝上前，左右扭住李敢。

衛青凝視李敢，終於揮手道：「算了，鬆開，讓關內侯回去吧。」

李敢走後，衛青歎息一聲，囑咐道：「此事到此為止，不可聲張！」

事情卻沒有「到此為止」，只過一日，霍去病來看舅舅，見數日前還好端端的衛青額上出現傷口，連連追問。

衛青知外甥性情暴烈，不肯告知，豈料霍去病已雷霆大怒。衛青位極人臣，出現的傷口又顯是他人所為。除了武帝，任何人對衛青動手，都是以下犯上。再則，衛青始終是霍去病唯一敬仰之人，是可忍孰不可忍？當即追問衛青府上軍士。那些軍士如何敢在殺人如麻的冠軍侯面前隱瞞？便將李敢登門傷人之事，一五一十地說了出來。

霍去病怒不可遏，李敢雖有侯位，卻仍是自己麾下部將，竟敢對衛青如此衝撞，那還了得？恰好武帝傳令，命霍去病陪自己前往甘泉宮打獵為戲。霍去病即刻命李敢隨行。李敢雖預知不妙，卻也不敢不從，便與霍去病同往甘泉宮。霍去病一見李敢，怒火難抑，在獵場竟直接彎弓一箭，射向李敢。李敢當即中箭身亡。

大驚之下的武帝問詢後才得知原因。霍去病射殺關內侯，自然也是大罪。然而武帝實是太愛霍去病了，為封住群臣的口，竟宣佈李敢是被鹿角所觸而亡。

衛青得知李敢死訊，極是悲傷。他雖沒在甘泉宮現場，也能料到李敢之死與霍去病有直接關係，但武帝既說李敢是觸鹿角而亡，他也無法為李敢申辯，心中愈發鬱結。

如今的武帝對衛青已日漸冷落。衛青雖為大將軍，武帝卻又封霍去病為大司馬，與衛青平起平坐。表面上看，武帝是因功授封霍去病，實則是將衛青實權進行毫不留情地瓦解。尤其此時的衛子夫已朱顏辭鏡，武帝的後宮之寵已轉移到了貳師將軍李廣利的妹妹李夫人身上。對衛子夫來說，好在兒子劉據已被立為太子，弟弟衛青雖遭冷落，仍是當朝大將軍兼皇帝姊夫，尚足可穩住皇后之位。

霍去病終究年少，對朝廷權力的洶湧暗流並無多大感覺。把武帝給他的種種封賞，都看作必然。另外也不能更深地意識到，自己乃衛青外甥，實際上也是衛氏外戚核心。身為一代名將，霍去病對衛青由衷崇敬，事事與衛青保持一致。所以，無論武帝如何欲將衛青分權，始終動搖不了衛青在朝中的地位。更何況衛青久在軍中，威望無人能及。武帝內心又如何不知衛青勢力龐大？作為史上罕見的鐵腕君主，武帝並不擔心外戚之患，衛青本人的仁義性格與退讓之舉也令武帝頗為放心。

但衛青沒有想到，武帝也沒有想到，在霍去病射殺李敢的第二年（前一一七年），二十三歲的霍去病竟然突染重病，武帝接連派出御醫，奈何群醫盡皆束手無策。

當難以置信的噩耗傳來，武帝震驚，朝廷震驚，衛青震驚，後宮震驚。

根據武帝的特別旨意，霍去病墳墓被修成祁連山形狀，以此紀念霍去病馬踏祁連的不世之功，並賜諡號於這位千古罕見的勇將為「景桓」。

待霍去病下葬之日，武帝再次下旨，命邊境五郡的鐵騎，從長安到茂陵，排列成陣，前往祭奠。自然，率文武百官之人非衛青莫屬。

當日萬旗飄飛，寒風襲人。衛青在百官之前，將三杯熱酒灑在墓前，嘴裡喃喃說道：「去病，你生為驅匈奴之將，死臥祁連狀之塚，豐功偉業，當為世人銘記！」言畢，衛青淚水長流，將霍去病生前長戈橫托，鄭重放於墓前，隨後百官齊拜。

長矛上飄飛著白綾的五郡鐵騎同時舉戈吶喊。平原深處，獵獵有聲的寒風席地吹來，彷彿霍去病生前縱馬疆場的英姿仍在天地間往來馳騁。

回府之後，平陽公主見丈夫仍是悲傷難抑，也不知如何安慰。

衛青在椅中坐下，緩緩說道：「去病如此年輕便亡故，令人痛惜。如今匈奴元氣難復，大漢臣民，終於可以享受太平日子了。衛青行伍出身，對朝中之事不甚了了，我想以後在家多陪夫人。天子雄才大略，我去朝廷也是無益，其中是非，更是不想參與。」

平陽公主心中歎息，也不說話。衛青抬頭凝視妻子，繼續說道：「一個人縱有天大的權力，又豈可抵擋死神？陛下也已恩准，從今以後，衛青便在府中與夫人相對，我不欲再管事了。」

平陽公主見丈夫意興蕭索，雖感難受，然而聽到丈夫說以後多在府中，又不禁悲中有喜，當下握住衛青雙手，說道：「夫君在府，惟願日日相陪。」

落幕

從那以後，衛青果然長居府中。

霍去病亡故第二年，武帝偶獲一尊寶鼎，心中歡喜，便將年號改為「元鼎」。

也就在元鼎元年（前一一六年）某日，公孫敖急匆匆趕往衛青府邸。

衛青見公孫敖臉色驚慌，頗為詫異，當年公孫敖被兩判死罪時也未如此刻一般驚慌。

公孫敖甫一落座，一邊擦拭額頭汗珠，一邊聲音發抖地說道：「大將軍，宜春侯出事了！」

衛青猝然一驚。宜春侯便是元朔五年（前一二四年），自己大破匈奴右賢王受封大將軍之時，被賜封為侯的長子衛伉。

衛青急問：「伉兒出了何事？」

公孫敖臉色蒼白，說道：「宜春侯罪乃『矯制不害』！」

衛青頓時臉色大變，站了起來，雙手哆嗦，說道：「伉兒怎如此大膽！」

所謂「矯制」，便是假傳聖命；所謂「不害」，是未造成惡劣後果。即便如此，身犯矯制，也實乃天大之罪。

衛青哪裡還坐得住？當即前往未央宮，求見武帝。

武帝看著跪在面前的衛青，伸手將其扶起，說道：「大將軍請起。」

衛青站起身來，聲音仍是控制不住地發抖，說道：「陛下，臣教子無方，特來請罪！」

武帝抬頭望著宮門，皺眉沉思片刻，再眼望衛青。他時方盛年，卻已兩鬢斑白。武帝冷眼凝視衛青片刻，終於長聲歎道：「朕知宜春侯之事，與大將軍無關，可宜春侯敢犯矯制之罪，難道不是自恃有大將軍威權撐腰？」

衛青只覺後背冷汗淋漓，躬身道：「臣知罪。」

武帝說道：「朕還不是昏君吧？大將軍未曾矯制，何罪之有？」說罷，武帝轉身，慢步走到御桌前，伸手撫案，說道：「大將軍戎車七征，破匈奴，通西域，功比韓信。朕昨日已命中郎將張騫出使烏孫，此亦大將軍戰功所致。這樣吧，宜春侯雖犯矯制，未有惡果，朕今免去其侯位，此事就此作罷。大將軍可以回去了。」

衛青回到府上，仍是冷汗不斷。今日武帝只免去衛伉侯位，真算得上法外開恩。在衛青這裡，卻知道這是皇帝對衛氏一門敲響的警鐘。

衛青三子各有封地。衛伉免侯之日，衛青派出親信，分赴三子封地，嚴令三子「奉法遵職」。衛青想起當年蘇建曾建議自己府中養士，心裡不安的對平陽公主說道：「當年丞相竇嬰和田蚡厚待賓客，時令天子切齒，為人臣者，奉法遵職便可。竇嬰以『偽詔書之罪』被斬，至今思之猶栗。今匈奴不再為寇，唯盼三子能好自為之了。」

平陽公主柔聲說道：「夫君忠心為國，陛下豈會不知？」

衛青歎息一聲，起步走到窗前，眼望外面沉沉夜幕。

夜色中不再有刀戈林立，衛青卻感覺比當年的大漠之夜更加沉重。

衛青擔心之事終於還是來了。元鼎五年（前一一二年）九月，衛青另外兩個兒子陰安侯衛不疑和發乾侯衛登又同犯「酎金」成色不足和份量不夠之罪，被奪侯位。

所謂「酎金」，是王侯在天子祭祀宗廟時，助祭宗廟的獻金。天子親臨受金，檢查成色，若發現成色不足或份量不夠，獻金者便將面臨失侯之罰。當時，與衛不疑和衛登一起失侯的多達一百零六人，其中包括隨衛青立下軍功封侯的公孫賀、韓說、趙破奴等人。

與五年前衛伉貨真價實的「矯制」相比，朝廷人人都能感覺，武帝此次剝奪如此多的侯位，實有震懾群臣之意。畢竟，軍功最易令人自傲。如今匈奴遠遁，熱中開疆拓土的武帝將目光轉向東越、南越、朝鮮、羌夷等地。對手實無匈奴強大，所以殺雞焉用牛刀。周圍小規模戰役用不上衛青這樣的大將。武帝的精力不在邊關，轉到了內廷。無軍功再立的衛青索性閉門謝客。

接下來的消息仍是公孫敖告知衛青：「陛下往泰山封禪，帶同冠軍侯霍嬗。今快馬急報已到長安，冠軍侯暴病身亡！」

衛青再一次震驚得無以名狀。霍嬗乃霍去病之子。自霍去病亡故之後，年僅五歲的霍嬗承襲父親冠軍侯爵位。霍嬗聰明伶俐，備受武帝喜愛，所以去泰山封禪時隨同帶上。霍嬗病歿時年方十歲，自無後嗣，冠軍侯封國遂被武帝下詔廢除。時為武帝元封元年（前一一〇年）四月。冠軍侯封國被廢，看起來是因為無人承繼所致，實則是武帝對功高權重的外戚進行的一次極為有效的打擊。

衛青深居家中，不問朝政。武帝自然稱心如意。

對衛青來說，唯一令他感到興奮的事發生在元封四年（前一〇七年）夏天。

那日的朝中之事仍是公孫敖登門告之：「大將軍，今日朝廷大喜！」

衛青見公孫敖難掩興奮，也來了興致，只聽公孫敖說道：「今日匈奴派遣使者來朝，說我大漢從高祖開始，歷朝往代，都是遣送公主和劉姓王侯之女與匈奴和親，才換來數十年漢匈兵戈不舉。現匈奴願依前朝之例，懇盼與大漢天子結為兄弟，並將單于之子遣往長安為質，以示與大漢永結和平的誠意。」

衛青聽罷，不禁熱淚盈眶。

多少的邊關風沙，多少的男兒血淚，多少的長歌悲吟，多少的他鄉埋骨，不就是為了此刻的和平嗎？強悍的匈奴終於臣服，衛青不禁仰頭大笑數聲，熱淚已忍不住滾滾而下。

公孫敖也激動異常，起身說道：「這都是大將軍之功啊。」

衛青熱淚難止，驀然縱聲長歌。

高歌吟罷，衛青擦淚說道：「如今我大漢江山，猛士遍佈。造就如此盛勢，豈是衛青一人能為？實乃大漢百萬男兒，鐵骨所鑄！」

說到此處，衛青又一次涕淚滂沱。公孫敖陪立其側，忽覺衛青面容湧上異樣潮紅。一股不祥之兆襲來，他還未及說話，就見衛青猛然「哇」地一聲，一口鮮血，從嘴中狂噴而出。

「大將軍！大將軍！」公孫敖大驚失色。一把將身軀倒下的衛青抱住，對門外狂聲喊道：「快來人啊！快來人啊！」

這是衛青第三次發病。

這一次，終於一病不起。

從武帝到朝中百官，聽到大將軍病重的消息，紛紛前來探望。

衛青躺在病床之上，朦朧中恍惚認出坐在床前之人乃是武帝，勉力微微睜眼，掙扎著吐出「陛下」二字。

武帝看著衛青，心中忽然一陣感傷。身為天子，他如何不知，正是他們君臣攜手，才開創出匈奴遠遁漠北的強盛國勢。數十年的往事如電光石火，在武帝心中逐一掠過。

武帝緩緩說道：「大將軍且安心養病，朕今日親來，還想告知大將軍一事，當今太子，性格穩重，有治理天下之才，不會讓朕憂慮。」

說到這裡，武帝停了停，凝視衛青，又繼續說下去：「朕之一朝，乃用武安邊，待朕百年之後，不會有比太子更適合以文治國的君主了。朕聞皇后和太子在宮中不安，實可釋去此念。大將軍康癒之後，可將朕意轉告他們。」

平陽公主在旁，聽得震驚無比。她自然知道，如今丈夫幾近退隱，最不放心的便是姊姊衛子夫與太子劉據。朝野、後宮的鉤心鬥角，平陽公主如何不知其中殘酷？衛子夫與劉據所能安穩倚靠的，便是身為大司馬並大將軍的衛青了。若衛青不在，衛子夫與劉據的地位實是岌岌可危。如今武帝借問候病情之機，特意將此事交代，實是為安撫衛青之心。

衛青勉力睜開雙眼，低聲道：「臣……謝……謝過……陛、陛下。」

武帝不再多言，起駕回宮。

這一次發病，衛青再也沒有擺脫病榻，到元封五年（前一〇六年）冬天，終於病重而逝，時年未滿五十歲。

消息傳出，大漢三軍縞素，痛哭失聲。

武帝也感痛惜，當即下旨，將衛青葬地同樣選在茂陵，在霍去病墓塚西側。

霍去病墓狀如祁連，衛青墓則像廬山。

對雄才大略的武帝來說，衛青與霍去病的病故，實是對大漢帝國的重大打擊。當他眼望朝中的文武百官，不禁覺得，「非常之功，必待非常之人」。衛青與霍去病便是當之無愧的「非常之人」。二人空出的位置竟然無人可代。武帝痛感人才凋零，迅速下詔求賢，「其令州郡察吏民有茂才異等可為將相及使絕國者」。

可惜的是，無論武帝本人具有何等雄才大略，終還是沒能意識到，衛青的去世，實則是結束了武帝一朝的英雄時代。在滄海橫流、邊關激盪之際，唯有挺身而出的英雄，才可將一個時代帶向巔峰。當英雄凋零，便意味一個沒有英雄的時代登場。所以，在武帝後期，酷吏握權，奸臣當道，最後竟導致太子劉據被巫蠱陷害，被逼起兵後終至自殺，衛子夫也被詔奪皇后璽綬。不堪受辱的衛子夫選擇了以死明志。

曾經煊赫一時的衛氏一門，終於走向了悲劇的深淵。

翻過歷史的每一頁，都時不時令人感到沉重。唯有屬於英雄的冊頁，才能產生一股熱血，令人心激動。英雄是每個時代最耀眼的火花。正如衛青，千載之下，仍能激起人們「願將腰下劍，直為斬樓蘭」的曠世豪情。

衛青生平簡表

前一五四年（漢景帝前三年）
鼂錯議削藩，吳楚等七國以誅鼂錯而清君側為名，發動叛亂。史稱「七國之亂」。景帝殺鼂錯，七國仍不罷兵，遂遣周亞夫率軍平定叛亂。

前一五〇年（漢景帝前七年）
立劉徹為皇太子。

前一四六年（漢景帝中四年）
羅馬帝國滅迦太基。

前一四一年（漢景帝後三年）
景帝卒，太子劉徹繼位，是為漢武帝。西漢王朝進入鼎盛時期。

前一四〇年（漢武帝建元元年）

武帝用建元為年號，歷史上用年號紀年始於此。

前一三九年（建元二年）

張騫第一次出使西域，至元朔三年（前一二六年）歸。

前一三六年（建元五年）

漢置五經博士

前一三四年（元光元年）

令郡國舉孝、廉，行察舉制。

前一三三年（元光二年）

漢誘匈奴入馬邑，未果。漢絕和親，漢、匈戰事再啟。

前一三九年（漢武帝建元二年）

衛子夫入宮，衛青進建章宮，約十五歲。

前一三八年（建元三年）

因衛子夫懷孕，大長公主欲殺衛青，被公孫敖救出。衛青被任命為建章監，並加侍中。

前一二九年（元光六年）

匈奴入上谷，武帝遣衛青、公孫敖、公孫賀、李廣等四將軍各將萬騎分道出擊。衛青率軍直搗匈奴龍城，取得漢朝對匈奴主動進攻的首次勝利，賜爵關內侯。餘皆失利。

前一二六年（元朔三年）

張湯任廷尉，用法嚴峻苛刻，治獄以皇帝意旨為準繩。

前一二三年（元朔六年）

大司農經費用竭，詔民得買爵贖罪。

前一二二年（元狩二年）

武帝立七歲的劉據為太子。

前一二八年（元朔元年）

衛青出雁門戰匈奴，大勝。衛子夫生長子劉據，被封為皇后。

前一二七年（元朔二年）

匈奴入上谷、漁陽，武帝遣衛青、李息等擊之。俘獲敵人幾千名，牛羊竟達數十萬頭，驅走匈奴白羊王、樓煩王。衛青收復河南地，受封長平侯。漢設置朔方郡，徙民十萬口充實朔方。

前一二四年（元朔五年）

匈奴右賢王騷擾朔方，武帝遣衛青率六將軍凡十餘萬人出擊。俘匈奴小王十餘人，俘虜男女一萬五千人，俘獲牲畜達上百萬。武帝遣使於軍中拜衛青為大將軍。

前一二三年（元朔六年）

二月，衛青出定襄，勝匈奴。斬首數千級而還。四月，衛青復統六軍出定襄擊匈奴俘斬萬餘人。前將軍趙信敗降匈奴。右將軍蘇建敗，獨脫身還。霍去病率八百之騎，俘斬匈奴相國和當戶，兩千餘人。

前一一九年（元狩四年）

張騫再次出使西域（烏孫），至元鼎二年（前一一五）年歸，絲綢之路暢通。

前一一八年（元狩五年）

漢行五銖錢，幣制始定。錢重五銖，上有「五銖」二字，故名。以後歷代都有鑄造，重量形制大小不一。唐高祖武德四年（六二一年）廢止。是歷史上數量最多、流通最久的錢幣。

前一一七年（元狩六年）

霍去病卒。

前一一四年（元鼎三年）

行告緡令（隱匿財產不報，或報而不實者，沒收其財產；並賞給告發者以沒收財產之半），楊可主其事，商賈中家以上大都破產，史稱「楊可告緡」。

前一一九年（元狩四年）

武帝遣衛青、霍去病各將五萬騎，分從定襄，代郡出。向漠北追擊匈奴，橫掃匈奴近九萬精銳。此戰之後，「匈奴遠遁，漠南無王庭」。

前一一一年（元鼎六年）

漢平南越，俘呂嘉等。置南海、蒼梧、鬱林、合浦、交趾、九真、日南、珠崖、儋耳等九郡。

由酒泉分置張掖、敦煌二郡。

前一一〇年（元封元年）

行均輸、平準，鹽鐵酒官營專賣，桑弘羊主其事。

前一〇九年（元封二年）

滇王降漢，賜其王印，置益州郡（治所在今雲南晉寧東）。

前一〇八年（元封三年）

將軍趙破奴率輕騎俘樓蘭王，破車師。

置樂浪、臨屯、玄菟、真番四郡。

前一〇五年（元封六年）

西域諸國遣使來漢，葡萄、苜蓿逐漸傳入中原。

前一〇六年（元封五年）

衛青病逝，葬於茂陵，謚曰「烈侯」。

前一〇四年（武帝太初元年）

李廣利率軍出征大宛，次年敗退敦煌。

編定《太初曆》。

前一〇三年（太初二年）

將軍趙破奴擊匈奴，出朔方兩千餘里而還，中途全軍覆沒。

國家圖書館出版品預行編目 (CIP) 資料

衛青 / 胡輝著 . -- 第一版 . -- 新北市 : 風格司藝術創作坊 , 2020.01
面 ; 公分 . -- (嗨 ! 有趣的故事)
ISBN 978-957-8697-63-8(平裝)

1.(漢) 衛青 2. 傳記

782.821 108021456

嗨！有趣的故事

衛青

作　　者：胡　輝
責任編輯：苗　龍

發　　行：知書房出版
出　　版：風格司藝術創作坊
235 新北市中和區連勝街 28 號 1 樓
電　　話：(02) 8245-8890

總 經 銷：紅螞蟻圖書有限公司
台北市內湖區舊宗路二段 121 巷 19 號
電　　話：(02) 2795-3656
傳　　真：(02) 2795-4100
http://www.e-redant.com

版　　次：2020 年 2 月初版　第一版第一刷
訂　　價：180 元

ISBN 978-957-8697-63-8 Printed inTaiwan